6월의 모든 역사

한국사

한국사

6月

6월의 모든 역사

● 이종하 지음

디오네

매일매일 일어난 사건이 역사가 된다

역사란 무엇일까. 우리는 왜 역사에 관심을 갖는 것일까.

이 책을 쓰는 내내 머릿속을 맴돌던 질문이다.

아널드 토인비는 역사를 도전과 응전의 개념으로 설명한 바 있다. 그것은 인류사 전체를 아우르는 커다란 카테고리를 설명하기에는 더없이 좋은 개념이다. 그러나 미시적인 문제로 들어가면 이야기가 달라진다. 나일 강의 범람 때문에 이집트에서 태양력과 기하학, 건축술, 천문학이 발달하였다는 것은 도전과 응전으로 설명이 가능하지만, 예술사에서 보이는 사조의 뒤섞임과 되돌림은 그런 논리만으로는 설명이 안 된다.

사실 역사란 무엇인가에 대한 관심은 대학 시절 야학 교사로 역사 과목을 담당하면서 싹텄다. 교과서에 나와 있는 대로 강의를 하는 것은 죽은 교육 같았다. 살아 있는 역사를 강의해야 한다는 생각에 늘 고민이 깊었다. 야학이 문을 닫은 후에 뿌리역사문화연구회를 만든 것도 그런 고민을 해결하지 못했기 때문이다.

약 10년간 뿌리역사문화연구회를 이끌면서 '어린이와 청소년을 위한 교실 밖 역사 여행' '어린이 역사 탐험대'를 만들어 현장에서 어린이와 청소년을 만났다. 책으로 배우는 역사와 유적지의 냄새를 맡으며 배우는 역사는 느낌이 전혀 달랐다. 불이학교 등의 대안학교에서 한국사 강의를 맡았을 때도 그런 느낌은 피부로 와 닿았다.

그렇다고 역사를 현장에서만 접해야 한다는 것은 아니다. 역사 자체는 어차피 관념 속에 있는 것이며, 그것이 우리에게 구체적으로 구현되는 것은 기록을 통해서이기 때문이다. 역사는 과거이며, 그 과거는 기록으로 존재한다. 그러나 현재에 펼쳐진 과거의 기록은 현재를 해석하는 도구이고, 결국 미래를 향한다.

이 책은 매일매일 일어난 사건이 역사가 된다는 사실에 기초하여, 1월 1일부터 12월 31일까지 일어난 중요한 사건들을 날짜별로 기록한 것이다. 사건의 중요도에 따라 집필 분량을 달리하였으며, 『1월의 모든 역사 – 한국사』『1월의 모든 역사 – 세계사』처럼 매월 한국사와 세계사로 구분하였다. 1월부터 12월까지 총 24권에 걸쳐 국내외에서 일어난 중요한 역사적 사실들을 흥미진진하게 담았다.

이 책에 나와 있는 날짜는 태양력을 기준으로 하였다. 음력으로 기록된 사건이나 고대의 기록은 모두 현재 사용하는 태양력을 기준으로 환산하여 기술하였다. 고대나 중세의 사건 가운데에는 날짜가 불명확한 것도 존재한다. 그것들은 학계의 정설과 다수설에 따라 기술했음을 밝힌다.

수년에 걸친 작업이었지만 막상 책으로 엮으니 어설픈 부분이 적지 않게 눈에 들어온다. 앞으로 그것들은 차차 보완을 거쳐 이 시리즈만으로도 인류 역사의 대부분을 일견할 수 있도록 만들고 싶다.

이 책을 쓰다 보니 매일매일을 성실하게 노력하며 살아야겠다는 생각이 든다. 매일매일의 사건이 결국 역사가 되기 때문이다.

이종하

차례

6월의
모든 역사

6월 1일

1270년 6월 1일

삼별초의 난이 발생하다

처음에 최우가 나라 안에 도둑이 많은 것을 근심하여 용사들을 모아서 밤마다 순찰을 돌며 폭행을 막게 하였으므로 그로 인해 이름을 야별초라 하였다. 도적들이 도처에서 일어나자 별초를 나누어 보내 이를 잡게 하였는데, 그 군사가 심히 많은 까닭에 마침내 나누어 좌우로 만들었다. 또 일부는 나라 사람으로서 몽고로부터 도망하여 온 자들로 신의라 불렀으니 이것이 삼별초이다.

-『고려사』 권 81

1977년 일본의 도쿄 대학교 사료 편찬소에서 700여 년 전의 고문서 한 통이 발견되었다. 이른바 『고려첩장불심조조高麗牒狀不審條條』. 이는 고려에서 보낸 외교문서의 내용 중 미심쩍은 부분을 조목조목 요약해 놓았다는 뜻이다.

그런데 여기서 고려의 외교문서를 의미하는 '고려첩장'의 주체는 놀랍게도 고려 조정이 아닌 삼별초였다. 바로 이 때문에 이 고문서가 우리나라에 공개되자마자 학계의 비상한 관심을 끌었다. 이를 통해 몽골과 사투를 벌이던 삼별초가 일본과 연합을 맺어 공동으로 대응하려 했다는 사실이 새롭게 드러났다. 비록 제안으로 끝나고 말았지만 이것이 성사되었다면 당시의 역사 흐름은 뒤바뀔 수도 있었다.

삼별초三別抄는 좌별초左別抄와 우별초右別抄 그리고 신의군神義軍을 합쳐서 일컫는 이름인데, 최우가 처음으로 조직하였다. 당시 나라에 도둑이 들끓자 이들을 잡기 위해 용맹한 군사들을 모아 밤마다 순찰을 돌게 했던 것이다. 그래서 이름도 야별초夜別抄였다.

이때의 도적은 단순히 남의 물건을 강탈하는 그런 무리들만을 의미하지는 않았다. 최씨 정권의 불법적인 수탈에 저항하는 일반 농민들도 모두 도적으로 간주하였다. 즉 야별초는 치안의 담당과 함께 최씨 정권의 보호를 위한 울타리 역할도 겸했던 셈이다.

그런데도 도둑과 농민들의 저항이 끊이질 않고 계속되자 최우는 야별초의 숫자를 대폭 늘렸다. 덩치가 공룡처럼 불어난 야별초는 좌별초와 우별초의 두 부대로 나뉘었다. 여기에다 몽골군에게 포로로 잡혔다 도망쳐 온 장정들을 신의군으로 편성하니 이에 삼별초가 성립되었다.

삼별초는 강화도를 지키고 몽골과의 전투에도 나서는 등 성격상 분명히 국가의 공병이었다. 이들에 대한 보수가 국고에서 지급된 것만 봐도 그렇다. 무신 집권자들의 사병 조직인 도방都房과는 그 계통이 엄연히 달랐던 것이다. 그러나 삼별초는 때로 무신 정권의 수족으로 활동하여 사병과 같은 인상을 심어준 것도 사실이다. 때문에 삼별초는 흔히 '사병화된 공병'으로 평가 받는다.

1270년 원종의 출륙 명령을 거부하던 임유무가 피살되면서 100년에 걸친 무신 정권도 그 종말을 고하였다. 이로써 개경으로의 환도가 순조롭게 진행될 것으로 보였으나 복병이 기다리고 있었다.

그동안 무신 정권을 떠받치던 삼별초가 관청의 창고를 파괴하면서 저항을 선언한 것이다. 특히 원종이 삼별초 명단을 강제로 압수한 것은 타는 불에 기름을 부은 격이 되었다. 그것이 몽골군에 넘어가면 잔인한 보복은 불을 보듯 뻔한 일이었기 때문이다.

이에 1270년 6월 1일, 삼별초는 장군 배중손의 지휘 아래 왕족인 승화후 온을 국왕으로 받들어 새로운 정부를 세웠다.

삼별초는 곧 강화도에 있는 곡식과 재물, 사람들을 1,000여 척의 배에 싣고 진도로 그 근거지를 옮겼다. 그곳이 남쪽의 조세를 운반하는 조운선을 차단하고 넓은 논밭을 배경으로 장기전을 치르는 데 적합하다고 본 것이다.

진도에 도착한 삼별초는 용장산에 산성과 궁궐을 짓고 이곳을 거점으로 삼아 영호남의 많은 지역을 장악하였다. 삼별초의 전투력은 뛰어나 여몽연합군의 수차례에 걸친 공격을 여유 있게 물리쳤다. 뿐만 아니라 후방에 위치한 제주도까지 수중에 넣어 실로 삼별초는 남해안의 실질적인 지배자가 되었다.

당시 몽골은 일본 정벌에 큰 관심을 갖고 있었는데, 그러기 위해선 삼별초의 제압이 급선무였다. 그런데 삼별초의 세력이 점점 더 커지자 다급해진 몽골은 1271년 5월 김방경을 내세운 고려와 함께 진도를 총 공격하였다.

거듭되는 승전으로 긴장이 풀려 있던 삼별초는 토벌군의 대대적인 공습에 결국 무릎을 꿇고 말았다. 승화후 온과 배중손도 모두 이 싸움에서 죽었다. 토벌군에게 사로잡힌 포로만도 1만여 명에 달하였다.

그렇다고 불씨가 완전히 꺼진 것은 아니었다. 김통정은 남은 삼별초를 이끌고 제주도로 달아나 저항을 계속하였다. 이들은 내외의 두 성을 쌓고 방비를 튼튼히 한 다음 틈틈이 조운선을 탈취하고 본토를 공격하였다. 특히 합포에서는 일본 정벌에 쓸 배를 만드는 조선소를 공격해 막대한 타격을 입혔다.

1273년 2월, 위기감을 느낀 몽골은 다시 1만여 명의 여몽연합군을 동원하여 제주도를 공격하였다. 삼별초는 끝까지 분투했지만 몽골군의 화력을 당해낼 수 없었다. 김통정은 부하 70여 명을 이끌고 한라산으로 들어가 저항하다가 끝내 그곳에서 목숨을 끊었다.

이로써 3년여에 걸친 삼별초의 난은 그 막을 내렸다.

—

1903년 6월 1일

우리나라 최초의 등대, 팔미도 등대 점등

—

1901년 일제는 '조선은 통상 이후 각 항을 수리하고 등대와 초표를 설치한다'는 '통상장정' 조항을 들어 대한제국에게 등대 건설을 강권하였다. 일제강점기 동안 대륙 진출에 필요한 해상 거점을 확보하기 위해서였다.

결국 대한제국은 이듬해 탁지부 산하에 해관등대국을 설치하고, 그해 5월부터 소월미도, 북장자서, 백암 등표와 함께 등대 건설에 들어갔다. 그리고 1년 1개월 만인 1903년 6월 1일 높이 7.9m, 지름 2m 규모의 우리나라 최초의 근대식 등대인 팔미도 등대를 점등하였다.

이후 팔미도 등대는 인천항에서 남쪽으로 15.7km 떨어진 팔미도에 오롯이 서서 100년이 넘게 항구를 드나드는 배들의 길잡이 역할을 해왔다.

특히 한국전쟁이 한창이던 1950년 9월 15일에는 대북 첩보 부대인 일명 켈로(KOLO : Korea Liasion Office) 부대 대원들이 이 등대를 탈환하였다. 이를 통해 인천 앞바다에 대기하고 있던 수백 척의 함정이 인천에 상륙할 수 있도록 불을 밝힘으로써 인천 상륙 작전을 성공적으로 이끄는 길잡이 역할을 하였다.

팔미도 등대는 당초 90촉광짜리 석유등을 사용했으나 1954년 9월 자가발전 시설을 갖춘 뒤에는 백열등으로 불을 밝혔다. 이후 수은등, 할로겐등을 거쳐 1992년에는 태양광발전 장치를 설치하였다.

2002년 2월 4일, 경기도는 팔미도 등대를 경기도 유형문화재 제40호로 지정하였다.

2003년에는 팔미도 등대가 노후한 까닭에 새 등대가 신축되었으며, 옛 팔미도 등대는 인천광역시 중구 무의동 산 373번지 팔미도에 원형 그대로 보존되어 있다.

팔미도 등대

2005년 6월 1일

청계천 통수식 거행

2005년 6월 1일 서울시는 청계천의 물길을 여는 통수식을 열었다. 이날 열린 통수식은 10월 1일 청계천 복원 공사 완공을 앞두고 물이 흐르는 데 따른 문제점이 없는지 등을 종합적으로 점검하기 위한 것이었다.

서울시는 시간당 5,000t, 약 3만t의 물을 5.84km에 이르는 복원 구간을 지나 중랑천을 거쳐 한강으로 흘러 들어가게 함으로써 실제로 청계천에 물이 흐르는 과정을 관찰하였다.

2002년 서울시장 선거 당시 이명박 한나라당 후보는, "타 지역에 비해 상대적으로 개발이 뒤처진 청계천 지역을 살리려면, 청계천 복원 사업을 추진해야 한다. 그러면 그 부근 지역이 도로 중심에서 도보 중심으로 바뀌면서 유동 인구가 증가하고, 상권 또한 더욱 활성화될 것이다." 라는 주장을 하면서 청계천 복원 사업을 자신의 핵심 공약으로 내세웠다.

2003년 7월 1일부터 청계천 복원 공사가 시작되었다. 그리고 복원 공사를 시작한 지 1년 11개월 만인 이날 청계천에 다시 맑은 물이 흐르기 시작한 것이었다.

하지만 이에 대해 일부 환경 관련 시민 단체들은 청계천 복원 사업의 목표가 '생태 · 문화 · 역사의 복원'이었으나, 복원이 아닌 '조경' 수준에 그쳤다며 비판을 하였다.

게다가 인공조명 등 생태적이지 못한 인간 중심적 조경 공사 등을 강행하였고, 광통교 · 수표교 등의 문화재 복원 및 근대화 과정에서 청계

천 시장의 역사적 의미를 살리는 데 좀 더 신중을 기하지 않은 것도 문
제점으로 지적하였다.

1950년 6월 1일

6년제 의무교육 시행

1항 모든 국민은 능력에 따라 균등하게 교육을 받을 권리를 가진다.
2항 모든 국민은 그 보호하는 자녀에게 적어도 초등교육과 법률이 정하는
의무교육을 받게 할 의무를 가진다.
3항 의무교육은 무상으로 한다.

-「헌법」 제31조

1948년 우리나라 「헌법」이 제정·공포되었는데, 그중에서 31조에 의
무교육에 관한 사항이 포함되어 있었다.

이에 정부는 1949년 12월 「교육법」을 제정하여 의무교육 6개년 계획
을 수립하였다. 그래서 이듬해인 1950년 6월 1일을 기해 전국적으로 6
년제 의무교육을 시행하였다.

그 결과, 해방 이후 80% 정도였던 문맹률이 급속히 떨어졌으며, 고
등교육과 외국 유학을 통해 경제 발전에 필요한 전문 인력이 양성되는
발판이 마련되었다.

이후 2004년부터는 중학교 3년 과정을 포함한 9년제 의무교육이 전
국적으로 확대, 시행되었다.

—

1922년 6월 1일

제1회 조선 미술 전람회 개최

—

1919년 3·1 운동 이후 일제는 문화 통치 정책의 일환으로 조선 근대미술의 일본화를 꾀하면서 조선 미술을 근본적으로 개조하려 하였다. 그 방편 중 하나로 개최된 것이 일본의 문부성 전람회와 제국 미술 전람회를 본떠 만든 조선 미술 전람회이다.

이 전람회는 1922년 6월 1일에 개최된 제1회 전람회에 403점이나 되는 작품이 출품되면서 성공적으로 정착한 이후 1944년 제23회로 폐지되기까지 전국적인 규모의 미술 행사로 자리를 잡았다.

또한 미술계 신인 등용의 핵심적인 역할을 하게 되면서 일제강점기의 유명 미술인들이 조선 미술 전람회를 통해 등단하였다.

하지만 조선 미술 전람회는 조선총독부의 정책 사업으로 육성되었기 때문에 관제 행사의 성격이 강하였다. 이에 따라 미술계에 권위주의가 만연하게 되었고, 조선 근대미술의 일본화를 촉진하여 화단이 일본화의 영향에 물들게 되었다는 비판을 받게 되었다.

광복 이후에는 조선 미술 전람회의 체제와 규정을 이어받아 1950년 4월 제1회 대한민국 미술 전람회가 개최되었다.

* 1950년 4월 24일 '제1회 대한민국전람회 개최' 참조

6월의
모든 역사

6월 2일

■
.
.
■

1456년 6월 2일

성삼문, 박팽년 등 단종 복위 계획을 꾀하다 발각되어 처형당하다

옛 임금을 복위하려 했을 뿐이다. 천하에 누가 자기 임금을 사랑하지 않는 자가 있는가. 어찌 이를 모반이라 말하는가. 나의 마음은 나라 사람이 다 안다. 나으리가 남의 나라를 빼앗았고, 나의 군주가 폐위 당하는 것을 보고 견딜 수가 없어서 그러는 것이다. 나으리가 평소 걸핏하면 주공周公을 지칭하는데, 주공도 이런 일이 있었소? 삼문이 이렇게 하는 것은 하늘에 태양이 둘이 없고 백성에게는 군주가 둘이 있을 수 없기 때문이리라.

-『대동야승』

　세종과 문종은 성삼문을 비롯한 집현전 학사들을 무척 총애하였다. 특히, 문종은 죽기 얼마 전 학문에 대한 토론을 구실로 이들과 술자리를 마련하였다.

　그는 어린 세자 홍위를 무릎에 앉히고 자리에 모인 사람들에게 앞날을 간곡히 부탁하였다. 자신의 목숨은 다해 가는데 세자는 아직 어리고, 야심 많은 세자의 숙부들은 태산처럼 버티고 있으니 불안했던 것이다.

　참석자들은 모두가 목숨을 걸고 세자의 안전을 지키겠다고 다짐하였다. 이에 앞서 세종도 병석에서 손자 홍위의 장래를 이들에게 당부한 적이 있었다. 사육신 사건은 사실상 여기서부터 이미 그 싹이 트고 있었다.

　문종이 죽고 어린 세자 홍위가 12세로 즉위하니, 이가 바로 비극의 주인공 단종이다. 세종과 문종이 생전에 나타냈던 우려는 그대로 적중하였다. 단종의 숙부인 수양대군이 칠삭둥이로 소문난 한명회의 수완을 빌려 쿠데타에 성공한 것이다.

　그렇다고 수양대군이 곧바로 왕위에 오른 것은 아니었다. 명분과 원칙을 중시하는 유교 국가에서 정통성을 지닌 단종을 함부로 몰아낼 수는 없었기 때문이다. 대신에 단종을 온갖 수단으로 압박하여 스스로 왕위를 내놓게 만들었다. 이른바 합법적인 '선양禪讓'의 방식이었다. 하지만 그것이 '눈 가리고 아웅'이라는 것은 누구나 다 아는 사실이었다.

　수양대군이 쿠데타를 일으켰을 때, 세종과 문종의 당부를 받은 신숙주는 이를 배반하고 오히려 수양대군의 오른팔이 되었다. 성삼문도 쿠데타 당일 집현전에서 숙직한 공이 인정되어 3등 공신에 임명되었다. 이는 정통성이 약한 수양대군이 집현전 학사들의 지지를 획득하기 위한 일종의 꼼수였다.

그러나 성삼문은 자신을 공신록에서 빼 줄 것을 요청하는 등 쿠데타 세력과는 거리를 두었다. 그의 머릿속에는 세종과 문종의 부탁이 한시도 떠난 적이 없었다. 다만 기회를 엿볼 뿐이었다. 그랬기에 단종이 수양대군에게 왕위를 넘기는 날에도 직접 옥새를 전달하는 악역을 감당했던 것이다.

틈만 나면 단종 복위를 노리던 세조의 반대파들에게 드디어 기회가 찾아왔다. 세조 2년(1456) 6월 2일, 새 왕의 즉위를 축하하기 위해 온 명나라 사신의 창덕궁 환영 잔치가 그것이었다. 이 자리에는 관례대로 임금인 세조를 비롯하여 세자 모두 참석키로 되어 있었다.

마침 성삼문의 부친인 성승과 유응부가 왕의 좌우에서 호위하는 별운검을 맡았다. 이를 천우신조로 여긴 성삼문 등은 이들이 잔치 중 세조와 세자를 죽이고 그 길로 공신들을 일망타진해 경복궁을 점거하기로 모의하였다.

그런데 눈치 빠른 한명회가 무슨 낌새를 맡았는지 연회 당일 갑자기 별운검을 폐지하고 세자도 그냥 경복궁에 남아 있도록 하였다. 이를 모른 채 칼을 찬 성승과 유응부가 연회장에 들어가려 하자 한명회가 앞을 가로막았다.

성승과 유응부는 그 자리에서 한명회를 죽이고자 하였지만 성삼문과 박팽년이 이를 말렸다. 그래봤자 경복궁에 남아 있는 세자가 군사를 일으키면 말짱 허사라는 계산이었다. 결국 성삼문의 신중론에 따라 거사는 다음으로 연기되었다. 이에 거사의 연기로 잔뜩 불안해진 김질이 자신의 장인인 정창손에게 모든 일을 일러바쳤다.

원래 정창손은 거사가 성공하면 영의정에 추대되기로 한 인물이었다. 정창손은 얼굴이 하얗게 질려 김질을 이끌고 곧장 세조에게 달려가 성삼문 등의 단종 복위 계획을 알렸다. 그날로 거사를 도모했던 모든 인물들이 체포되어 모진 고문을 받다가 죽거나 처형당하였다. 삶과 죽음, 충신과 역적의 딱지는 이렇게 한 순간의 짧은 판단으로 결정 나고 말았다.

남효온은 이때 죽은 성삼문, 박팽년, 이개, 하위지, 유성원, 유응부를 자신의 저서인 『육신전』에서 특별히 사육신死六臣으로 기록하였다.

그러나 『조선왕조실록』은 김문기를 사육신의 일원으로 언급하고 있다. 이를 근거로 국사편찬위원회도 1977년 김문기를 사육신묘에 쓰도록 결정하였다.

그래서 현재 사육신 묘역에는 이름과는 달리 일곱 기基의 무덤이 자리하고 있다.

* 1452년 5월 18일 '단종, 12세의 어린 나이에 즉위' 참조
* 1972년 5월 25일 '사육신묘, 서울특별시 유형 문화재 제8호 지정' 참조

——

1970년 6월 2일

시인 김지하, 「오적」 발표로 구속

——

1970년 6월 2일, 시인 김지하가 이야기 형태로 된 담시譚詩 「오적五賊」을 발표하여 공안당국에 의해 반공법 위반으로 구속되었다.

「오적」은 재벌, 국회의원, 고급공무원, 장성, 장차관 등 다섯 부류의 부정부패인들을 통렬하게 풍자하면서 생존권을 위협 받는 민중의 현실을 정면으로 문제 삼은 일종의 서사시이다.

이 시는 박정희 대통령의 장기 집권 시도로 정치·사회가 첨예하게 대립하고 있던 1970년 5월, 잡지『사상계』에 처음으로 발표되었다.『사상계』편집위원 김승균은 평소 알고 지내던 김지하에게 오적촌이라 불리던 동·서빙고동에 관한 장시長詩를 청탁하였다.

이에 김지하는 당대의 힘 있는 사람들을 '오적'으로 한데 묶어 그들의 부패와 타락상을 풍자적으로 시에 담았다.

> 서울이란 장안 한복판에 다섯 도둑이 모여 살았것다. (중략) 예가 바로 재벌, 국회의원, 고급 공무원, 장성, 장차관이라 이름 하는 간뗑이 부어 남산만 하고 목질기기가 동탁 배꼽 같은 천하흉포 오적의 소굴이렷다.
>
> 　　　　　　　　　　　　　　　　　　　　　　-김지하,「오적」

이 시를 야당인 신민당이 기관지『민주전선』6월 1일자에 싣자 사회 문제가 되었다.

이튿날『민주전선』은 압수되었고 김지하는 김승균,『사상계』대표 부완혁,『민주전선』편집국장 김용성과 함께 반공법 위반 혐의로 구속되었다.

결국『사상계』는 이 사건이 빌미가 돼 폐간되었으며, 김지하 등 관련자들은 보석으로 풀려나 2년 뒤 선고유예를 받았다.

—

1906년 6월 2일

한성농공은행 개업

—

1900년대 초, 대한제국에서는 지방 금융의 핍박을 우려하여 전국 주요 도시에 정부 창고를 건설하고, 미곡의 담보 대부, 부동산의 담보 대부를 실시하였다. 하지만 그 시설이 응급적이며 과도적인 것에 불과하였을 뿐이고, 대부 자원도 빈약하여 지방 금융을 완화하는 데 크게 기여할 수 없었다.

이에 일본인 재정 고문 메가다가 식민 정책의 하나로 농업 · 공업의 개량 · 발달을 위한 자금 대부가 필요하다고 주장하였고, 정부는 1906년 3월 「농공은행조례農工銀行條例」를 제정 · 공포하였다. 이로써 전국 주요 도시에 농공은행이 설립될 수 있는 근거가 마련되었다.

설립 자금은 일본흥업은행으로부터 조달하려 하였는데, 이는 일제가 농공은행의 운영권을 장악하게 하려는 의도에서였다. 하지만 일본흥업은행의 자금난으로 이 약정이 실현될 수 없게 되자, 결국 한국인 자본가들의 자본에 의해 각 관찰도觀察道 단위를 영업 구역으로 하는 농공은행이 설립되었다.

1906년 6월 2일 서울에 한성농공은행이 설립되었고, 이후 평양 · 대구 · 전주 · 진주 · 광주 · 충주 · 해주 · 경성에 각각 설립되었다. 1907년에는 공주 · 함흥 등에도 설립되어 모두 11개의 농공은행이 설립되었다.

이들 농공은행들은 ① 연부年賦 또는 정기 상환의 방법에 의한, 부동산을 담보로 하는 대출, ② 공공단체에 대한 무담보 대출, ③ 농공업자

20명 이상의 무담보 연대대출 등을 주요 업무로 표방하였다. 하지만 목적과는 달리 한국에 이주해 온 일본인들의 사업 자금을 지원하는 데 주력하였다. 이사진 또한 한국인들로 구성되었으나, 실무 책임자인 지배인에 일본인이 임명되어 일본인에게 유리한 방향으로 운영되었다.

1907년에는 충주농공은행·공주농공은행이 한성농공은행에 합병되면서 한호농공은행으로 개칭되었다. 그밖에도 1908년에는 산업입지 및 교통 조건 등을 참작하여 11개 은행이 함경농공은행, 평안농공은행, 경상농공은행으로 각각 합병되어 모두 6개로 개편되었다.

이들 농공은행은 1918년 6월 「조선식산은행령朝鮮殖産銀行令」이 공포되자, 그해 10월 조선식산은행에 합병되었다.

8·15 광복 후에는 1954년 한국산업은행으로 변경·발전되었다.

* 1954년 4월 3일 '한국산업은행 발족' 참조

1950년 6월 2일

캐롤 주교, 나환우 시설 '성 라자로원' 개원

1945년 광복 후, 천주교 메리놀회 소속의 조지 캐롤 주교는 서울 근교의 유랑 나환자들에 대한 구호 및 의료 사업의 필요성을 고민하다가 1950년 6월 2일 경기도 부천군 오류동에 성 라자로원을 개원하였다.

하지만 6월 25일 한국전쟁이 발발하자 성 라자로원은 활동이 중단되었다. 이에 약 8,000명의 나환자들은 극도의 빈곤과 질병에 시달리게 되었다. 그 모습을 본 캐롤 주교는 1951년 시흥에 20만 평의 대지를 구입한 뒤 성 라자로원을 다시 개원하였다.

당시까지 천주교에서는 개별 성당 차원에서 나환자들에 대한 구호 사업을 펴고 있는 실정이었다. 그러다가 성 라자로원 설립을 계기로 구라救癩 사업을 공동으로 전개할 것을 결의하였다. 그리고 서울 교구에서는 이경재 신부를 구라 사업 전임자로 임명하여 성 라자로원의 초대 원장으로 부임시켰다.

더구나 1953년 중국 본토에서 오랫동안 구라 사업에 종사하던 메리놀회 소속의 스위니 신부가 한국으로 전입해 오면서 구라 사업은 단연 활기를 띠게 되었다.

개원 초기에는 주로 이동 진료반을 편성하여 순회 진료를 실시하였으나 1962년부터 정착촌을 마련하고 나환자들을 이곳에 거주하게 하였다.

이후 성 라자로원은 성 라자로 마을로 확대 개칭되었다. 2012년 현재 이곳에는 나환자 정착촌을 비롯하여 120명을 수용할 수 있는 병동 · 진료소 · 교육관 등 부대시설이 갖추어져 있다.

1909년 6월 2일

「대한민보」 창간

일제 통감부에 의하여 강제 해산된 대한자강회大韓自强會를 재정비하여 국민을 개화교도開化敎導할 목적으로 1907년 11월에 대한협회가 창립되었다.

대한협회는 1908년 4월에 월간 『대한협회회보大韓協會會報』를 창간해 이듬해 3월까지 12호를 발행하다가 중단하였다.

그리고 1909년 6월 2월에 '민족의 사상을 통일하여 민족의 단결을 꾀하는 동시에 동포를 지도·계발하기 위한 지식의 보급'을 그 사명으로 내걸고 일간 「대한민보」를 창간하였다.

사장은 오세창, 편집 겸 발행인은 장효근이었으며, 1910년 8월 29일까지 355호를 발행하였다. 8월 30일자부터는 제호를 「민보民報」로 고쳐 발행하였으나, 이튿날인 8월 31일 제357호를 마지막으로 폐간되었다.

「대한민보」는 창간호부터 우리나라 최초의 신문 연재만화인 이도영의 목판 시사만화를 연재하여 인기를 끌었다. 또 순純 한글로 된 「금수재판禽獸裁判」이라는 풍자소설을 연재하여 많은 독자들의 주목을 끌었으며, 단편소설에 삽화를 넣어 신문 삽화의 길을 열었다.

그리고 국권 수호를 위하여 주로 정부의 부패와 무능을 비판하는 내용의 논설과 친일 단체인 일진회와 국시유세단에 대항하는 항일 투쟁적인 논진을 폈다.

이 신문은 국채보상운동이 시작된 지 3년 뒤에 발간된 신문이지만 다른 민족지의 논조를 이어받아 국채보상운동에 대해 적극적으로 보도하였다. 또한 항일 독립운동과 애국 사상 앙양에 크게 영향을 끼쳤던 안중근 의거에 관하여 상세하게 보도하여 애국사상을 고취하였다.

* 1906년 3월 31일 '대한자강회가 조직되다' 참조

6월의
모든 역사

6월 3일

■
·
■

1964년 6월 3일

6 · 3 사태가 발생하다

반매판 · 반외세 · 반봉건 · 반체제를 지향하는 오늘의 단식투쟁은
내일의 피의 투쟁이 될지도 모른다.

-김덕룡, 서울대 문리대 학생회장

　육군 소장 박정희는 1961년 5월 쿠데타를 일으켜 정권을 장악하였다. 이어 1963년 10월 대통령 선거에서 '경제개발'이라는 구호를 앞세워 승리하였다.

　대통령이 된 박정희는 경제개발을 위한 자금이 필요하였다. 하지만 국내에는 그만한 돈이 없었기 때문에 일본 자본의 지원이 절실하였다. 이에 박정희는 일본으로부터 식민 지배에 대한 배상금을 받아내는 수밖에 없다고 판단하고, 이듬해인 1964년 김종필 공화당 의장을 단장으로 내세워 한일 국교 정상화를 위한 '한일회담'을 서둘렀다.

　돈이 급했던 협상단은 대일 협상 과정에서 굴욕적일 수밖에 없었으며, 내용상으로도 졸속성을 면하지 못했다.

　이에 대학가를 중심으로 굴욕 외교에 대한 반대 투쟁이 격화되었다. 야당과 대학생들은 1962년부터 시작된 시위를 통해 '한일회담 즉시 철폐'와 '매국노의 소환' 등을 요구하였다.

　그리고 한일 회담이 한창이던 1964년 3월 24일 서울대 · 연세대 · 고려대 등이 연합해서 '굴욕적인 한일회담 반대'를 외치는 시위가 발생하였다. 4 · 19 이래 최대 규모의 데모였다.

　1964년 5월에는 서울 시내 각 대학의 학생들이 모여 '한일 굴욕 외교 반대 투쟁 학생총연합회(학총련)'를 결성하였다. 학총련은 미 8군에게 최루탄 공급을 중지하도록 요청하였고, '민족적 민주주의 장례식'을 주최하였다.

　6월 초에도 학생들은 박정희 정권의 퇴진을 요구하며 대대적인 시위를 벌였다. 정부와 학생 간의 대립은 날로 심화되었다.

　6월 3일에는 서울대 외 17개 대학교 학생 1만 5,000명과 시민들이 안암동, 신설동 및 원남동 등에서 경찰과 충돌하면서 그중 일부가 청와

대에 이르는 세종로까지 진출하여 격렬한 시위를 벌였다. 이 시위로 경찰관 462명, 민간인 32명이 중상을 입었다.

시위가 극도로 격화되자 박정희 대통령은 「헌법」 제75조에 의거 6월 3일 20시를 기하여 서울 일원에 비상계엄을 선포하였다. 4개 사단, 병력을 서울 시내에 진주시켜 치안을 맡게 했으며, 이후 여야 협상으로 비상계엄이 해제된 7월 29일까지 55일 동안 계엄이 계속되었다.

정부는 계엄 기간 동안 일체의 집회와 시위의 금지, 대학 및 각급 학교의 휴교, 언론과 출판 등의 사전 검열 등 강경 조치를 취했으나 시위를 막기에는 역부족이었다.

6 · 3 사태는 1965년 한일회담 비준 반대 투쟁으로 이어졌다. 하지만 학생들의 반대에도 불구하고 1965년 6월 일본 도쿄에서는 「대한민국과 일본국 간의 기본관계에 관한 조약」, 즉 「한일기본조약」이 정식으로 조인되었다.

「한일기본조약」이 졸속으로 체결됨에 따라 우리나라는 일본 제국주의의 식민 통치에 대한 사과와 배상을 받지 못했으며, 재일동포의 법적 지위 문제와 강탈해 간 문화재의 반환도 거의 해결되지 못하였다. 오히려 일본의 경제적 침투를 촉진하는 계기를 마련해 줌으로써 심각한 무역 역조와 경제적 종속을 자초하였다.

따라서 협정이 조인된 이후에도 박정희 정권은 대대적인 반대 운동에 직면하였다. 학생들과 종교인 · 문인 · 교수 등의 민주인사와 야당까지 가세하여 연일 시위가 계속되자 정부는 위수령과 휴교 조치 등으로 대응하였다.

시위로 얼룩진 채 조인된 「한일기본조약」은 현재까지도 한일 관계 정상화의 걸림돌이 되고 있다.

* 1961년 5월 16일 '5 · 16 군사 쿠테타가 일어나다' 참조
* 1965년 6월 22일 '「한일기본조약」이 정식으로 조인되다' 참조

—

1116년 6월 3일

송나라의 대성악 고려에 전래

—

고려 예종 11년(1116) 6월 3일, 중국 송나라에 사신으로 파견되었던 왕자지와 문공미가 귀국하면서 대성악을 가지고 들어왔다.

송 휘종은 편종編鍾 · 편경編磬 · 금琴 · 슬瑟 · 소簫 · 소생巢笙 · 화생和笙 · 훈壎 등의 아악기雅樂器를 보내 주었으며, 이에 수반되는 문무文舞와 무무武舞 등 일무佾舞에 쓰이는 약籥 · 적翟 · 간干 · 과戈 등 36벌과, 이러한 의식에 쓰이는 의관衣冠 · 무의舞衣 · 약복樂服 · 의물儀物 등 아악 연주에 필요한 것을 모두 갖추어 보내 왔다.

이를 통해 각종 제례를 비롯하여 국가적인 의식에 사용되는 아악이 비로소 고려에 전래되었다. 음악과 춤으로 이루어진 이 음악이 들어오자, 고려에서는 새롭게 악장을 제정하였다.

그리고 역대 임금의 신위를 모신 사당인 태묘太廟를 비롯하여 하늘에 지내는 제사인 원구圓丘, 땅에 제사하는 사직社稷, 공자孔子 제사인 문선왕묘文宣王廟 등 나라의 각종 제사와 국빈을 대접하는 잔치인 연향宴享에서 이를 연주하였다.

하지만 고려 말에 이르러 아악에 쓰이는 악기가 부족해지고 또 고려 유신들에 의해 멋대로 고쳐짐으로써 아악의 제도가 훼손되었다.

이를 개선하기 위하여 여러 차례 명나라 등에서 악기를 들여왔고, 아

악의 연구와 관리를 전담하는 음악 기관으로 악학樂學과 아악서雅樂署를 설치하기도 하였으나, 정비가 제대로 이루어지지 않았다.

이후 조선 세종 때에 이르러 박연이 중국의 옛 문헌들을 참고하여 원 제原制인 중국 주대周代의 아악에 가깝도록 재현시켰다.

* 1427년 5월 3일 '박연, 12율관 제작에 성공하다' 참조
* 1458년 3월 23일 '조선의 악성 박연이 사망하다' 참조

—
1946년 6월 3일

이승만, 남한 단독정부 수립을 시사하는 '정읍 발언' 연설

—

"무기휴회된 공위가 재개될 기세도 보이지 않으며 통일정부를 고대하나 여의케 되지 않으니, 남한만이라도 임시정부 혹은 위원회 같은 것을 조직 하여 38이북에서 소련이 철퇴하도록 세계 공론에 호소해야 될 것이니 여 러분도 결심하여야 할 것입니다."

-이승만

1946년 6월 3일, 지방 시찰에 나선 이승만이 전라도 정읍에서 남한 만의 단독정부 수립을 공식적으로 주장하는 발언을 하였다.

1945년 12월 모스크바에서 열린 모스크바 3상 회의의 결정에 따라 1946년 3월 서울에서 임시정부 수립을 위한 미·소 공동위원회 제1차 회의가 개최되었다. 하지만 처음부터 난관에 봉착한 회의는 결렬되었다.

이로 인해 좌 · 우익 사이의 찬탁 운동과 반탁 운동의 대결이 더욱 극심해지는 가운데 미 군정이 남한만의 단독정부 수립을 계획하고 있다는 소식이 국내에 보도되었다.

그 후 이승만은 정읍에서 미 군정의 계획을 지지하는 발언을 하였다. 즉 이 정읍 발언의 핵심은 남한만이라도 단독 정부를 수립하자는 것이었다.

미 · 소 공동위원회의 휴회로 남북에 구애되지 않은 조선 임시정부 구성이 난관에 봉착한 가운데 나온 이승만의 정읍 발언은 남북 분단의 가능성이 커지고 있음을 의미하였다.

이승만은 이 발언을 한 후 남한 단독정부 수립에 본격적으로 나섰고, 1946년 12월부터 1947년 4월까지 미국에 건너가 남한 단독정부 수립을 촉구하는 외교 활동을 벌이고 돌아왔다.

* 1946년 3월 20일 '제1차 미소공동위원회 개최' 참조
* 1947년 2월 7일 '이승만, 남한의 과도 정부 수립 지시' 참조

1911년 6월 3일

일제, 「사찰령」 공포

1910년 8월 조선과의 병합이 일단락되자, 일제는 일본 불교를 한국 침략의 첨병으로 앞세워 활용하던 그동안의 정책을 변경하였다. 오히려 한국 불교를 전면에 내세우려는 정책을 추진함으로써 한국 불교는 철저하게 유린되어 식민지 불교 체질이 형성되었다.

그리고 다음 해인 1911년 6월 3일, 조선 총독 데라우치 마사타케의 지시로 조선총독부가 「사찰령」을 공포함에 따라 한국 불교계는 30교구로 나뉘어 30본산제가 실시되었다.

이에 따라 사찰의 이전과 폐지, 본사 주지의 임명과 해임의 승인권을 조선 총독이 장악하게 되었다.

그 결과, 본사 주지들은 사적으로는 친일 지주적인 성격을 띠게 되었고, 공적으로는 조선총독부의 불교 담당 관리로서의 역할을 수행하게 되었다.

결국 일제는 1,300여 한국 사찰을 지배하게 되었으며, 1912년 3월에는 「조선 승려 법계 품승례」를 공포하여 사찰의 자유를 더욱 억압하였다.

6월의
모든 역사

6월 4일

■
·
■

1476년 6월 4일

조선의 성종, 사가독서제를 부활시키다

"학문에 큰 뜻을 둔 선비가 직책에 얽매여 있으면 글에 전념할 수가 없다. 그들이 멀고 큰 뜻을 방해 받게 된다면 이는 결코 내가 선비를 불러들여 도움을 구하는 도리가 아니다. 나이 젊고 재주 있는 자에게 특별히 여가를 주어 산방에 나아가 독서하게 하라."

–성종

성종은 즉위 7년(1476) 6월 4일에 세조의 왕위 찬탈로 폐지되었던 사가독서제를 다시 부활시켰다. 성종은 즉위 17년까지 사가독서제를 실시했는데, 각각 채수 · 유호인 · 조위 등 6명과 조지서 · 박증영 · 이달선 등 8명이 선발되어 학문을 갈고 닦을 수 있는 기회가 주어졌다.

사가독서제賜暇讀書制는 국가가 일체의 비용을 부담하고, 유능한 인재를 양성하여 문운文運을 진작시키기 위해 실시한 '전문 연구 인재 양성' 정책이었다.

이 제도가 처음 시행된 것은 세종 8년(1426) 12월이었다. 세종은 집현전 부교리 권채 · 저작랑 신석견 · 정자 남수문 등 3명을 선발하여 관청 공무에는 전념치 말고 전문 독서 연구에만 몰두케 하였다.

세종은 즉위 24년(1442)에 제2차로 신숙주 · 성삼문 · 박팽년 · 하위지 · 이개 · 이석형 등 6명을 선발하여 휴가를 주고, 진관사 등에서 글을 읽게 하는 상사독서를 실시케 하였다.

처음에는 자택에서 독서를 하도록 하는 사가독서제를 시행하였으나 전심으로 독서하는 데는 미흡하다 하여 조용한 사찰 등에서 학문 연구를 하는 상사독서제上寺讀書制를 채택한 것이다.

하지만 세조는 집현전의 혁파와 함께 이 제도를 폐지시켰다. 이에 서거정은 다음과 같은 건의를 올렸다.

"휴가를 주어 독서를 하는 문신들이 도성 안 여염집에 자리를 잡으면 필시 사귀는 벗들이 찾아와 만나는 일이 많을 것입니다. 신이 세종 때에는 신숙주 등과 함께 산사山寺에서 글을 읽었습니다."

하지만 세조는 이것을 받아들이지 않았다. 이후 성종은 젊고 재주가 있는 학자를 선발해 즉위 7년 만에 사가독서제를 부활시켰다. '숭유억불' 정책을 썼던 성종은 "학성인이 어찌 사찰에서 공부하는 것이 좋겠는가?"라며 1483년에 용산龍山의 빈 사찰을 수리하여 독서당讀書堂이라는 편액을 내려 사가독서 하는 장소로 쓰도록 하였다. 이곳을 남호당南湖堂 또는 용호당龍湖堂이라고 하였다.

사가독서에 뽑힌 자를 사가문신賜暇文臣이라고 불렀는데 상당한 영예로 간주되었다. 대제학大提學의 경우, 독서당을 거친 사람만을 임명할 수 있게 제도화하여 독서당의 권위를 높였다.

이 제도에 의해 선발된 학자들은 학문과 교양과 인격을 갈고 닦음으로써 조선 왕조의 문풍진작文風振作에 기여했으며 각종 정책의 입안과 실천에 이바지하였다.

사가독서를 하는 인재들은 매월 세 번 글짓기를 통해 과제시험을 치렀으며, 성종이 불시에 내관을 보내 독서 결과를 하문하였다. 그러나 의복과 음식, 어주까지 내리며 격려하는 일도 잊지 않았다.

이후에도 사가독서제는 폐지와 부활을 거듭하였다. 연산군 10년(1504) 갑자사화甲子士禍 이후 폐지되었다가 중종이 즉위한 뒤 사가독서에 관한 절목을 마련하도록 지시하면서 다시 시행되었다.

중종 2년(1507)에는 비구니 처소였던 정업원淨業院에 설치하였다가 1517년에 두모포豆毛浦에 다시 독서당을 지었는데, 이곳을 동호당東湖堂이라 하였다.

임진왜란 이후에는 명맥만 이어오다가 정조가 규장각奎章閣을 설치하면서 완전히 폐지되었다. 세종 8년(1426)부터 영조 49년(1773)까지 실시된 사가독서제로 320명에게 혜택이 주어졌다.

1906년 6월 4일

최익현, 「창의토적소」 발표

나라 안의 적賊과 나라 밖의 구寇들이 합세하여 임금을 위협하고 조약의 굴레를 씌워 침탈을 강행하였으니 이제 국가에 남아 있는 것은 허명虛名에 불과할 뿐이오. 폐하陛下께서 의지할 수 있는 것은 허위虛位에 불과할 뿐입니다.

-최익현, 「창의토적소」

최익현은 경기도 포천에서 태어났다. 그는 9세 때 김기현 문하에서 유학의 기초를 공부하였다. 그리고 14세 때 성리학의 거두 이항로의 문하에서 『격몽요결擊蒙要訣』 『대학장구大學章句』 『논어집주論語集註』 등을 통해 성리학의 기본을 습득하였다.

이 과정에서 그는 이항로의 '애군여부 우국여가愛君如父 憂國如家'의 정신, 즉 애국과 호국의 정신을 배웠다.

그는 1873년 승정원 동부승지로 임명된 뒤 사직소를 올려 흥선 대원군의 정치를 정면으로 공격하였다. 또한 1876년 1월 일본과의 통상조약 체결이 추진되자, 도끼를 지니고 궁궐 앞에 엎드려 화의를 배척하는 상소를 올리기도 하였다.

1906년 6월 4일, 최익현은 전북 태인의 무성서원에서 각지의 유생 및 의병들을 집결시킨 가운데 「창의토적소倡義討賊疏」를 올려 의거의 심정을 피력하고, 격문을 각 고을에 보내 호응을 촉구하였다.

그리고 일본 정부에 대한 문죄서問罪書 「기일본정부奇日本政府」를 함께 작성하였다. 거기에서 그는 강화도조약 이래 일본이 저지른 배신 행위를 16조목에 걸쳐 열거하면서, 조선과 일본, 나아가 동양 전체의 평화를 위해 하루 속히 물러날 것을 요구하였다.

발표를 마친 최익현은 임병찬과 함께 의병을 일으켜 태인읍을 무혈점령하였다. 6월 5일 정읍에 도착한 최익현은 그러나 전주관찰사 한진창이 이끄는 전라북도 지방 진위대의 포위 공격을 받아 임병찬·고석진 등 12명과 함께 붙잡혔다.

최익현은 일본군 사령부로 넘겨져 쓰시마 섬에 유배되었고 1906년 12월 30일 순국했다.

1920년 6월 4일

최초의 공중욕탕 평양에 개설

1924년 6월 4일 평양에 우리나라 최초의 공중목욕탕이 생겼다. 이때의 공중목욕탕은 부府에서 직접 운영하고, 관리인을 임명하여 욕탕 사용료 수납·욕탕 사용 인원 제한 등을 맡겼다.

1910년 일본이 우리나라를 강제 합병하기 전까지 우리나라의 서민층은 추운 계절을 제외하고는 강이나 냇가에서 목욕을 하였으며, 양반층은 목간통이라는 나무로 만든 둥근 욕조를 안방 또는 사랑방에 들여놓고 목욕하는 것이 일반적이었다.

그래서 일본인들을 위한 공중목욕탕을 설치코자 하였을 때 여럿이 모인 곳에서 옷 벗고 목욕하는 것은 천민이나 하는 짓이지 동방예의지국인 우리나라에서는 할 수 없다며 크게 반발하였다.

하지만 이후 선교사를 비롯해 각국의 외국인이 국내에 거주하면서 이들을 상대하는 호텔과 여관이 생겨났고, 그들의 목욕 수단에 따라 대부분의 숙박업소에서 방마다 욕실을 두거나 아니면 크게 하나를 만들어 투숙객들이 공동으로 이용하도록 하였다.

그리고 광복 이후 인구 증가와 위생 관념의 발전으로 사설 목욕장이 본격적으로 등장하기 시작하였다.

1993년 6월 4일

과학 로켓 '과학 1호', 서해안에서 발사

국내 기술로 개발한 우리나라 최초의 과학 관측 1단 로켓 '과학 1호'가 1993년 6월 4일 서해안 안흥종합시험장에서 발사되었다. 이로써 우리나라도 우주 기술 보유국의 대열에 서게 되었다.

과학 1호는 길이 6.7m, 무게 1.4t, 직경 42cm의 고체연료추진형 로켓으로, 발사 후 최고 비행고도 38.6km, 비행거리 77km를 비행하면서 96초 동안 한반도 상공의 오존층 농도를 측정하였다.

1997년 9월 1일에는 고도를 3배가량 높일 수 있는 2단계 추진 방식을 사용하는 '과학 2호'를 쏘아 올렸다.

과학 2호는 1호와 달리 페어링 기술을 적용, 한반도 상공의 오존층 측정은 물론 우주에서 날아드는 우주X선을 국내 최초로 관측하기도 하였다.

6월의
모든 역사

6월 5일

1882년 6월 5일

임오군란이 발생하다

"굶어죽는 것이나 법에 따라 처형당하는 것이나 죽는 것은 똑같다. 마땅히 죽일 놈은 죽여서 우리의 억울함을 풀겠다."

이들은 날을 정해 여러 사람이 한 곳에 모여서 크게 외친 후 곧바로 민겸호의 집을 점령하였다. 그의 집 창고에는 진귀한 물건들이 가득 차 있었다.

"1전이라도 집어가는 자는 죽인다."

폭도로 변신한 군인들은 그런 후 빼앗은 재물들을 마당에 한꺼번에 쌓아놓고 불을 질렀다. 기름을 끼얹자 재물들은 활활 타올랐고, 성난 병사들이 쳐들어온다는 정보를 입수한 민겸호는 미리 가족들을 피신시킨 뒤 자신도 숨었다가 도피하였다.

"비단, 주옥, 패물들이 타 불꽃에서는 오색이 나타났고, 인삼, 녹용, 사향노루가 타면서 나오는 향기는 수 리 밖에서도 맡을 수 있었다."

-황현, 『매천야록』

고종 18년(1881)에 조선은 신식군대를 양성한다는 구실로 별기군을 창설하고, 훈련도감을 비롯한 5군영을 무위영과 장어영의 2영으로 개편하였다.

이 과정에서 많은 군인들이 직장을 잃었으나 문제는 2영에 소속된 구식군인들에 대한 노골적인 차별이었다. 별기군은 높은 급료와 좋은 의복 등 여러 면에서 후한 대우를 받았다. 반면에 구식군인들은 박봉에다 그나마도 13개월씩이나 봉급을 받지 못해 그 고통이 말이 아니었다.

1882년 6월 5일에 급기야 일이 터졌다. 때마침 전라도에서 양곡이 서울에 도착하자, 정부는 군인들에게 우선 1개월 치의 봉급을 지급하기로 하였다. 이른 아침부터 군인들은 선혜청 도봉소 앞에 줄을 서서 창고문이 열리기만을 기다렸다.

이 해는 봄 가뭄이 극심해 보리농사도 망친 터였다. 그래서 비록 밀린 13개월 치 전부는 아니지만, 한 달 치라도 급한 대로 필요한 형편이었다. 그런데 얼마 후 창고지기한테서 쌀을 건네받은 군인들은 모두가 기절초풍하였다. 겨와 모래가 반이나 섞인 쌀인데다 양도 규정에 못 미쳤던 것이다. 군인들이 이를 강하게 따지자 창고지기는 "싫으면 관둬라."는 식으로 이들을 자극하였다.

그 말을 들은 군인들은 그동안 참고 참았던 울분을 터뜨렸다. 포수 김춘영과 유복만 등의 주동으로 군인들은 창고지기를 두들겨 패고 건물에 돌을 던졌다.

이 보고를 받은 선혜청 당상 민겸호는 즉시 김춘영 등 소란의 주동자들을 잡아들였다. 이들은 포도청에 구치되어 가혹한 고문을 받았는데, 일부는 곧 사형에 처해진다는 소문이 나돌기 시작하였다. 사태가 급박해지자 김춘영의 아버지와 유복만의 동생은 투옥된 군인들을 구출코자 군인들을 소집하는 통문을 돌렸다.

6월 9일 약속된 날짜에 군인들이 모여들자 이들은 먼저 직속상관인 무위대장 이경하를 찾아가 구속된 군인들의 석방을 호소하였다. 가능하면 비폭력으로 문제를 해결하려는 노력이었다. 그러나 실권이 없는 이경하에게서는 이들을 만족시킬 수 있는 조치가 없었다. 할 수 없이 군병들은 안국동에 위치한 민겸호 집으로 우르르 몰려갔다.

이때 민겸호는 대궐에 들어가 있어 만날 수가 없었는데, 마침 문제의 창고지기와 부닥치자 그를 쫓아 민겸호 집에 들어가 집을 부수고 재물들을 불살라 버렸다.

민겸호의 보복을 우려한 군인들은 운현궁으로 대원군을 찾아가 대책을 진정하였다. 민씨 세력에게 쫓겨나 불우한 나날을 보내고 있던 대원군에게 이 사태는 하나의 돌파구였다. 그는 겉으로는 군인들의 행동을 나무라면서도 뒤로는 김장손 등을 불러 이후의 행동 방향을 지시하였다.

그뿐만 아니라 자신의 심복인 허욱을 위장시켜 군병들을 지휘케 하였다. 대원군의 묵인을 얻은 군병들은 더욱 기세등등하여 그 길로 동별영의 무기고를 습격해 총기를 탈취하여 무장을 강화하였다.

오후가 되자 영세상인, 수공업자를 비롯한 도시의 하층민들이 대열에 합세하여 군병들의 수는 더욱 불어났다. 이들은 대열을 셋으로 나누어 각자 목표한 표적을 공격하였다.

제1대는 종로를 휩쓸다가 포도청을 습격하여 김춘영 등 동료들을 구출하였다. 이들은 다시 민태호 등 민씨 척족들과 개화파들의 집을 차례로 습격하였다. 제2대는 별기군이 훈련을 받는 하도감으로 쳐들어가 도망가던 일본인 교관 호리모토 등 여러 명의 일본인을 살해하였다. 제

3대는 전임 선혜청 당상으로 부정축재로 악명 높은 김보현을 찾고자 서대문 밖 경기감영을 공격하였다.

그러나 그를 찾지 못하자 무기고를 부수고 총기를 약탈하였다. 이들이 다시 근처에 있는 일본 공사관을 공격하자, 하나부사 공사는 공사관을 불지른 채 인천으로 달아났다.

다음 날인 10일에는 더 많은 군병과 주민들이 모여 총리대신 이최응의 집을 습격해 그를 죽이고 창덕궁으로 향하였다. 이날 공격의 핵심 목표는 민씨 세력의 상징인 명성황후였다. 대궐에 진입한 군병들은 민겸호와 김보현 및 많은 내시들을 살해하였다.

그러나 명성황후는 무예별감 홍재의의 기지로 궐 밖으로 피신할 수 있었다. 고종은 할 수 없이 대원군을 불렀다. 그리고 "지금부터 크고 작은 모든 업무는 대원군 앞에 품결하라."고 선언하였다. 이로써 대원군은 정권을 잡은 듯싶었지만 한 달 뒤 청에게 붙잡혀 '한 달 천하'로 끝났다.

이 사건으로 인해 청나라와 일본은 조선에 대한 개입을 확대함으로써 조선은 열강들의 각축장으로 급격히 변모해 갔으며, 1884년 12월에 갑신정변이 일어나는 토대가 되었다.

* 1884년 12월 4일 '갑신정변이 일어나다' 참조

1978년 6월 5일

소설가 조세희,
『난장이가 쏘아올린 작은 공』 출간

1978년 6월 5일 소설가 조세희가 『난장이가 쏘아올린 작은 공』을 출간하였다. 일명 『난쏘공』으로도 불리는 이 작품은 난장이를 주인공으로 하는 연작으로, 한국소설사의 지형도를 바꾸어 놓았다는 평가를 받고 있다.

조세희는 경기도 가평에서 태어났다. 그는 서라벌예술대학 문예창작과와 경희대학교 국문과를 졸업한 후, 1965년 「경향신문」 신춘문예에 「돛대 없는 장선葬船」이 당선되어 문단에 나왔다.

그 후 10년 동안 작품 활동을 하지 않다가 1975년에 발표한 작품 「칼날」을 시작으로 「뫼비우스의 띠」 「우주여행」 「잘못은 신에게도 있다」 「내 그물로 오는 가시고시」 「에필로그」 등 1978년까지의 연작소설 12편을 모아 『난장이가 쏘아올린 작은 공』을 완성하였다.

조세희는 이 작품을 통해 소외된 도시 근로자의 문제를 난장이라는 신체적 불구성에 빗대어 상징적으로 형상화하였다. 작가가 형상화한 난장이는 산업사회의 발달로 자본주의의 모순이 첨예화된 현실 속에서 소외된 삶을 살아가는 인물이다.

『난쏘공』은 발간한 지 20년 만인 1997년 100쇄를 넘을 정도로 스테디셀러가 되었다.

1932년 6월 5일

충무공 이순신의 현충사 낙성식과 영정 봉안식 거행

숙종 32년(1706)에 지방 유생들이 조정에 건의하여 충남 아산에 충무공 이순신을 모시는 사당을 세웠다. 그리고 이듬해 사액賜額으로 현충사顯忠祠를 받았다.

하지만 고종 2년(1865), 대원군의 서원 철폐령에 의해 철폐되었고, 국권피탈 이후에는 일제의 탄압으로 20여 년간 향불이 끊겼다.

그리고 1932년 6월 5일에 「동아일보」사의 주최로 전 국민이 성금을 모아 다시 현충사를 보수하고 영정을 모셨다. 최초의 영정은 이상범 화백이 그렸으나 위엄이 덜하다는 평가를 받아 김은호 화백이 그린 영정으로 바뀌기도 하였다.

1966년에는 현충사의 경역을 확대하는 공사가 시작되어 경내에 본전本殿 · 고택古宅 · 정문旌門 · 유물전시관 · 활터 등이 마련되었다.

1967년 3월에 현충사는 사적 제155호로 지정되었으며, 1969년에 현충사 관리사무소를 설치하고 관리와 제전에 관한 사항을 관장하도록 하였다.

* 1707년 2월 6일 '숙종, 현충사 현판 사액' 참조

2005년 6월 5일

프로야구 선수 박찬호,
한국인 최초의 메이저리그 100승 달성

미국 프로야구 텍사스 레인저스 소속의 투수 박찬호가 2005년 6월 5일 캔자스시티 카우프먼 스타디움에서 열린 캔자스시티 로열스와의 원정경기에서 선발 등판해 승리를 거두었다. 이로써 그는 한국인 최초로 메이저리그 100승 달성의 대기록을 달성하였다.

박찬호는 이날 경기에서 5이닝 동안 피안타 11개와 볼넷 2개로 6실점하면서 다소 부진한 모습을 보였으나 홈런 4개 등으로 무려 14점을 뽑아준 타선 덕분에 승리투수가 되었다.

이날 승리로 박찬호는 메이저리그 129년 역사상 542번째, 현역 투수 가운데 40번째로 100승 투수가 됐으며, 동양인으로는 일본의 노모 히데오에 이어 두 번째 100승의 발자취를 남겼다.

박찬호는 한양대학교 재학 중인 1994년에 미국 메이저리그에 데뷔하였다. 1996년 4월 7일 첫 승을 올린 뒤 2001년까지 5년 연속 10승 이상을 기록하였다.

이후 박찬호는 2010년 124승을 기록하며 메이저리그에서 은퇴하였다. 일본리그에서 1년 정도 활동하다가 우리나라로 돌아와 2012년 현재 한화 이글스에서 선수로 활약하고 있다.

—

1934년 6월 5일

독립운동가 백정기,
나가사키 이사하야 감옥에서 순국

—

백정기는 1896년 전라북도 정읍에서 태어났다. 그는 가난한 농가에서 태어나 동냥으로 한문 공부를 하였다.

백정기는 1919년 3 · 1 운동이 일어나자 독립선언문과 전단(傳單)을 가지고 고향에 내려가 항일운동을 선도하였다. 그 후 각지를 돌아다니며 독립운동 자금을 마련하여 중국 베이징으로 망명, 일본 군사 시설 파괴에 전력하였다.

1924년에는 일본 천황을 암살하려고 도쿄에 갔으나 실패하였고, 상하이에서 자유혁명자연맹을 조직, 이를 흑색공포단BTP으로 개칭하고 조직을 강화하여 대일투쟁을 전개하였다.

1933년 3월 백정기는 중국 상하이 홍커우에서 동지들과 중국 주재 일본대사 아리요시를 암살하려고 모의하다가 체포되었다.

이후 나가사키로 이송되어 종신형을 선고받고 이사하야 감옥에서 복역하다가 1934년 6월 5일 옥사하였다.

6월의
모든 역사

6월 6일

∎
∎
∎

1395년 6월 6일

한양부를 한성부로 개칭하다

조선이 건국되자 태조 이성계는 한양으로 천도를 단행하였다. 고려의 옛 세력들이 개경에 기반을 두고 있어 정치적으로 불안하기도 하였고, 새 도읍지에서 새로운 정치를 펼쳐보고 싶은 욕구 때문이었다. 궁궐터는 정도전의 주장대로 북악산 아래로 결정하였다. 1395년 한양의 대략적인 윤곽이 나오자 태조는 6월 6일 한양부를 한성부라고 이름을 바꾸었다. 이후 '한성'은 조선왕조 500년의 수도가 되었다.

얼핏 생각하면 우스운 질문이 하나 있다. "한국의 서울은 어디인가?" 라는 질문이 그것인데, 그 대답이 바로 "서울"이기 때문이다. 이것은 '서울'이란 낱말이 갖는 이중성으로 인해 벌어지는 현상이다. 즉 서울 은 '한 나라의 중앙 정부가 있는 곳'이라는 의미와 한국의 특정 도시로 서의 '서울'이란 의미를 동시에 갖고 있는 것이다.

현재의 서울은 시대에 따라 그 불린 이름들이 달랐다. 조선 시대의 서 울은 '한성'이었다. 우리가 현재 자주 쓰는 '한양'도 어느 특정 시기의 서 울을 지칭하는 이름이었다. 이 때문에 사실 서울대학교와 한양대학교, 한성대학교는 그 이름의 뜻으로만 보면 같은 대학이라고 할 수 있다.

서울은 수량이 풍부하고 지류가 발달한 한강이 흘러 예로부터 사람 이 몰려 살던 곳이었다. 세계 4대 문명의 발상지가 모두 하천 주변인 것에서 보듯이 물은 사람을 유인하는 가장 중요한 요소였다.

암사동 선사 유적지는 한강 주변에 이미 신석기인들이 자리 잡고 살 았음을 보여주고 있다. 이곳은 또한 백제의 발상지로도 그 중요한 역할 을 다하였다. 현재 강동 지역에 남아 있는 몽촌토성과 풍납토성은 백제 의 수도인 위례성으로 추정되는 곳들이다.

한강 유역이 삼국의 치열한 쟁탈지로 부각되자 이곳을 누가 점령하 느냐에 따라 이름도 수시로 바뀌었다. 신라 통일 후, 경덕왕 때 서울은 '한양군漢陽郡'이라는 이름으로 처음 불리게 된다. 여기서 '陽'은 산의 남 쪽이나 강의 북쪽을 의미하므로 '한양'은 북한산 남쪽, 한강의 북쪽 지 역을 가리킨다.

한양은 고려 태조 때 양주로 개칭되었다가 문종 때에 남경으로 승격 되어 개경, 서경 등과 함께 당당히 삼경의 하나가 되었다.

서울 지역을 남경으로 승격시킨 것은 땅의 힘을 빌려 국가의 수명을

연기해 보려는 의도에서였다. 물론 남경이 수륙 교통의 요지라는 측면
도 있었다. 고려 숙종 때에는 유명한 풍수가 김위제의 주장으로 잠시
남경천도론이 대두되기도 하였다.

숙종이 즉위한 후, 천재지변이 자주 일어나자 김위제는 『도선기』의
내용을 언급하며 3~6월은 남경에 머물러야 한다고 주장하였다. 그리
하여 숙종 9년(1104)에는 실제로 지금의 청와대 부근에 궁궐이 세워지
기도 하였다.

남경은 충렬왕 34년(1308) 제도 개혁의 일환으로 한양부로 개칭되고
그 구역도 이전보다 크게 축소되었다. 한양 천도는 고려 말에도 도참사
상이나 개경의 안전성 등을 이유로 심심찮게 논의되었다. 그러다 잠시
였지만 우왕과 공양왕 때에는 반년씩 한양으로 천도하기도 하였다.

이렇듯 한양은 고려시대에 새로운 수도로서 늘 유력한 대안으로 거
론되었다. 그러나 오늘날의 서울이 탄생할 수 있었던 결정적 계기는 조
선의 건국이었다. 태조 이성계가 "역성혁명을 한 군주는 반드시 도읍을
옮긴다."는 명분으로 한양 천도를 강행했던 것이다.

태조 이성계가 천도를 고집한 데에는 여러 가지 목적이 있었다. 우선
고려의 구舊세력들이 개경에 기반을 두고 있어 정치적으로 불안했다는
점이다. 두 번째로 "송도는 땅의 기운이 다했다."는 풍수지리적인 측면
이 작용하였다. 세 번째로는 새 도읍지에서 새로운 정치를 펼쳐보고 싶
었던 것이다.

그러나 한양이 새 수도로 결정되기까지는 많은 우여곡절을 겪었다.
처음 계룡산 지역은 공사까지 들어가는 등 거의 낙점 단계까지 갔다.
그러나 공간의 협소함과 교통의 불편 등으로 숱한 논의 끝에 결국 한양
으로 번복되었다.

도읍지가 결정되자 이번엔 다시 궁궐터를 놓고 서로 다투었는데, 정도전의 주장이 승리를 거둬 북악산 아래로 결정되었다. 이후 신도궁궐조성도감이 설치되어 본격적으로 궁궐의 조성이 시작되었다.

그러나 태조는 얼마나 마음이 급했던지 공사가 끝나기도 전에 백관을 거느리고 천도를 단행하였다. 이때가 1394년 10월 28일(음력)이었다. 지난 1994년 서울이 떠들썩했던 것도 바로 '서울 정도 600년'을 기념하기 위한 행사들 때문이었다.

공사가 제법 진척이 되자 이듬해 1395년에는 한양의 대략적인 윤곽이 나왔다. 태조는 6월 6일 한양부를 한성부라는 새로운 이름으로 바꾸었다. '한성'이 조선왕조 새 서울의 공식 명칭으로 자리 잡는 순간이었다. 아무래도 '새 술은 새 부대에 담는다'는 의식이 강하게 작용했을 것이다.

그러나 한성부는 일제하에서 경성부로 고쳐지는 수난을 당하였다. 해방 이후에도 한성은 다시 그 이름을 회복하지 못하고 '서울'에 그 영예를 넘겨주었다.

* 1396년 1월 9일 '조선, 한양에 도성을 축조하다' 참조

1918년 6월 6일

조선총독부, 토지조사사업 완료

대한제국을 병탄한 후 조선총독부가 식민지적 토지 소유 관계를 공고히 하기 위하여 시행한 대규모의 국토 조사 사업이 1918년 6월 6일

완료되었다. 이 사업의 결과, 조선총독부는 전 국토의 40%에 해당하는 전답과 임야를 차지하는 대지주가 되었다.

총독부는 국유화한 토지를 국책회사인 동양척식주식회사를 비롯한 일본 토지회사와 일본의 이민들에게 무상 또는 싼값으로 불하함으로써 일본인 대지주가 출현하게 되었다.

반면 이제까지 실제로 토지를 소유해왔던 수백 만의 농민이 토지에 대한 권리를 잃고 영세소작인 또는 화전민·자유노동자로 전락하여 우리 민족의 삶은 더욱 비참해졌다.

일본이 조선의 토지조사사업을 처음 계획한 것은 을사조약이 맺어지고 통감부가 설치되면서부터였다.

일제는 통감 정치를 실시함과 동시에 우리나라 정부에 요구하여 일본에 한국의 측량 기술자를 초빙, 측량술을 습득시켰다. 한편, 이듬해 외국인의 토지 소유를 법적으로 확인하는 조치를 취하였다.

이러한 준비 과정을 거쳐 일제는 1910년 3월 토지조사국을 설치하였고 국권피탈과 함께 대한제국 토지조사국의 사무를 조선총독부로 이관, 총독부 안의 임시토지조사국에서 전담토록 하였다.

조선총독부는 1개월간의 준비 조사를 거쳤다. 그 후 1911년 11월 지적장부 조제에 착수하여 1912년 3월 조선부동산등기령과 조선민사령, 8월 토지조사령, 1914년 3월 지세령, 4월 토지대장규칙, 1918년 5월 조선임야조사령 등을 공포함으로써 전국적으로 토지조사사업이 본격화되었다.

일제가 이와 같이 대대적으로 토지조사사업을 벌인 목적은 자본주의적 토지 제도를 확립하여 식민 통치를 안정시키기 위해서였다. 일제는 일본인의 조선 정착에 필요한 토지를 확보할 필요성이 시급했기 때문에 지주가 없는 땅이나 신고가 안 된 토지를 모두 국유화하였다.

그리하여 모든 자원과 조세의 원천을 확실히 파악할 수 있어 수탈 경제의 기반을 마련할 수 있었다.

—

1937년 6월 6일

수양 동우회 사건이 발생하다

—

1921년 중국 상하이에 있던 안창호는 이광수를 통해 흥사단의 한국 지부를 조직하라는 명령을 내렸다. 이에 이광수는 김종덕 · 박현환 · 김윤경 등 11명을 규합하여 1922년 2월 서울에서 청년 남녀의 수양 기관을 표방한 수양동맹회를 결성하였다.

같은 해 7월, 평양에서는 흥사단 출신의 김동원 · 김성업 · 조명식 · 김영윤 등이 동우구락부라는 친목 단체로 합법 위장한 민족 운동 단체를 조직하였다. 두 단체는 1926년 1월에 통합하여 수양동우회라 하였다.

이에 일제는 중일전쟁의 막바지 준비를 위해 1937년 6월 6일 수양 동우회 단원들을 검거하여 경기도 경찰부 종로 경찰서에서 조사하는 이른바 수양동우회 사건을 일으켰다. 국내 독립지사들의 사상을 탄압하고 전시체제 구축을 획책하기 위한 방편이었다.

이 사건으로 경성지회 55명, 평양선천지회 93명, 안악지회 33명 등 모두 181명의 동우회원들이 붙잡혔다. 이 중 41명이 기소되었다가 1941년 11월 전원 무죄 석방되었다.

한편 수양동우회는 검거가 시작된 지 1개월이 지나 일제에 의해 강압적으로 해산되었다.

1949년 6월 6일

경찰, 반민특위 습격 사건 발생

1948년 10월 23일, 일제 치하의 친일 부역자를 단죄하고 국가의 기강을 바로잡기 위해 반민족행위특별조사위원회, 일명 반민특위가 발족하였다.

하지만 반민특위는 출범 초부터 친일 세력의 심한 반발에 부딪쳤다. 특히 친일 일색이었던 경찰은 노덕술 등 친일 경관들이 반민특위의 표적이 되자 이를 극도로 경계하였다.

또한 반민특위의 활동이 눈엣가시였던 이승만 대통령은 "반민특위가 삼권분립을 해하고 있다."고 볼멘소리를 하면서 "정부가 보증하고 노덕술을 풀어 주라."고 지시할 정도로 노골적으로 그들의 뒷배경이 되어 주었다.

그러던 1949년 6월 6일 오전 8시 30분, 중부경찰서장 윤기병 지휘하에 경찰 80명은 남대문로 2가에 있는 반민특위 사무실을 기습하였다.

이들은 반민특위 수사관들의 무기를 압수하고 서류를 파손하였으며, 그들이 독립운동가들에게 했던 그대로의 주먹질 발길질을 반민특위 관계자들에게 해댔다.

반민특위는 이날 이후 결정적인 타격을 입고 결국 석 달 후인 1949년 9월 22일 와해되고 말았다.

* 1949년 1월 5일 '반민특위가 활동을 개시하다' 참조

1956년 6월 6일

제1회 현충기념일 행사 거행

1956년 4월 19일 '현충기념일'이 대통령령으로 제정되었다.

그리고 두 달 후인 6월 6일 유가족 1,200여 명을 포함해 추모객 2만여 명이 참석한 가운데 서울 동작동에 있는 '국군묘지'에서 처음으로 현충기념일 행사가 거행되었다.

이전까지는 국방부 주관하에 3군 전몰장병 추모식과 무명용사 추도식 등이 열렸었는데, 이날의 행사를 통해 한국전쟁 등으로 희생된 8만 8,000위位 호국영령들의 넋을 정부 주도하에 위로할 수 있었다.

한편 국군묘지는 1965년 3월 관계법령 정립에 따라 '국립묘지'로 바뀌었으며, 현충기념일은 1975년 「관공서 공휴일에 관한 규정」이 개정되면서 '현충일'로 고쳐졌다.

6월의
모든 역사

6월 7일

■
.
■

1920년 6월 7일

대한북로독군부,
봉오동 전투에서 일본군에 대승을 거두다

천도天道가 순환하고 민심이 응합하야, 아我 대한독립을 세계에 선
포한 후 상上으로 임시정부가 유하야 군국대사를 주하며, 하下로 민
중이 단결하야 만세를 제창할 새 어시호於是乎 아我의 공전절후空前絶
後한 독립군이 출동되었도다 …… 당당한 독립군으로 신身을 탄연포
우彈煙砲雨 중에 투하야 반만년 역사를 광영케 하며, 국토를 회복하야
자손만대에 행복을 여與함이 아我 독립군의 목적이오 또한 민족을
위하는 본의라.

-홍범도, 「유고문諭告文」

1920년 6월 4일 새벽, 30명 규모의 대한신민단 소속 독립군 부대가 삼둔자를 출발하였다. 그들은 두만강을 건너 함경북도 종성군 강양동에 진입해 후쿠에가 인솔하는 일제 헌병순찰 소대를 격파하고 귀환하였다.

삼둔자 전투에 패배한 일본군은 보복 조치로 1개 대대 규모의 병력을 월강추격대대로 편성하여 독립군 추격에 나섰다. 간도로 들어간 추격대대는 그러나 안산 후방고지에서 독립군의 공격을 받아 큰 타격을 입었다. 그럼에도 거듭 독립군의 유인 작전에 말려들어 지린성 왕칭현 봉오동까지 독립군을 추격하였다.

봉오동은 두만강에서 15km 떨어진 곳에 위치한, 고려령의 험준한 산줄기가 사방을 병풍처럼 둘러치고 있는 계곡 지대였다. 거기에는 100여 호의 민가가 흩어져 있었는데, 독립군 근거지의 하나로서 홍범도가 이끈 대한독립군大韓獨立軍, 안무가 이끈 국민회군國民會軍, 최진동이 이끈 군무도독부軍務都督府가 연합하여 결성된 '대한북로독군부'라는 연합 부대가 주둔하고 있었다.

6월 7일, 일본군의 침입 소식이 전해지자 대한북로독군부는 제1중대를 상촌 북서단에, 제2중대를 동쪽 고지에, 제3중대를 북쪽 고지에, 제4중대를 남단 밀림 속에 매복시켰으며, 연대장 홍범도가 직접 2개 중대를 인솔하고 남서단 중턱에 매복해 있었다.

일본군은 독립군의 계획대로 봉오동 상촌의 독립군 700여 명이 잠복해 있는 포위망 가운데로 들어왔다. 홍범도가 총공격 명령을 내리자, 3면에 매복해 있던 독립군이 집중사격을 가하였다. 일본군은 3시간가량 응사하다가 막대한 희생자를 내고 후퇴하고 말았다.

강상모가 지휘한 제2중대는 도주하는 일본군을 추격하여 또다시 커다란 타격을 입혔다. 이 싸움에서 일본군은 전사자 157명, 중상자 200

여 명, 경상자 100여 명 등 막대한 인명피해를 입었으나 독립군 측의
피해는 전사 4명, 중상 2명뿐이었다.

봉오동 전투는 중국 영토인 만주지역에서 한국 독립군과 일본군 사
이에 본격적으로 벌어진 최초의 대규모 전투였다. 이 전투의 승리로 독
립운동가와 동포들의 사기가 크게 높아졌으며, 독립군의 군세가 더욱
증강되는 계기가 되었다.

이 전투의 참패로 큰 충격을 받은 일본군은 관동군까지 동원하는 대
대적인 독립군 토벌 계획을 수립하였다.

1909년 6월 7일

13도창의군 대장 이인영이 체포되다

13도창의군 대장 이인영이 시영時榮이라는 가명으로 충청북도 황간
에 숨어 지내다가 1909년 6월 7일 일본헌병에게 체포되었다.

이인영은 경상북도 문경 출신의 유생으로, 1895년 명성황후가 시해
되자 유인석·이강년 등과 함께 의병을 일으켜 활약하였다. 1907년 8
월 군대해산을 계기로 활발한 의병 운동이 재개되자 9월 강원도 원주
등지에서 활약하던 이은찬·이구재 등 의병 500명에 의해 총대장으로
추대되었다.

이인영은 각 도의 의병부대에 '각 도의 의병이 집결하여 서울을 탈환
하자'는 격문을 돌리고 서울에 있는 외국공관에 서한을 보내 의병을 국
제 공법상의 외교 교전단체로 인정해 줄 것을 호소하였다.

이인영의 격문을 받은 의병장들은 11월 양주에 모여 이인영을 13도

창의군 대장으로 추대하고 연합부대 편성에 착수하였다. 이때 편성된 13도연합 의병부대의 총 병력은 1만여 명이었으며, 그중에는 소총을 소지한 해산 군인 3,000명도 포함되어 있었다.

이들은 전군을 24진으로 나누어 11월부터 서울 탈환 작전에 착수하였다. 군사장 허위가 선발대 300여 명을 이끌고 동대문 밖 15km 지점까지 탈환하는 전과를 올렸다. 그러나 후속 부대가 늦게 도착하고 군수품 보급이 제대로 이루어지지 않았다.

이런 와중에 불행히도 작전 개시 6일 전인 1908년 1월말 총대장 이인영의 아버지가 사망하였다. 이인영은 급히 통수권을 군사장 허위에게 맡기고 장례식을 치르기 위해 문경으로 떠났다.

이에 약속 장소로 진격해 오던 각 도의 의군들도 동요하여 근거지로 되돌아가 버렸다. 이러한 기미를 탐지한 일본군은 지방 의병부대를 개별 격파함으로써 결국 연합의병의 서울 탈환 작전은 실패로 돌아가고 말았다.

이인영은 철저한 유학자였기 때문에 전통적인 복상服喪 제도를 어겨서는 안 된다고 믿고 있었다. 결국 그의 이러한 사상의 한계성이 의병 운동의 한계성으로까지 이어졌다.

얼마 안 있어 이인영이 검거되었고 한성 감옥에서 사형 당하였다. 이후 13도창의군은 해산하여 연고지에서 독자적인 활동을 전개하였다.

* 1908년 6월 11일 '의병장 허위가 체포되다' 참조

1921년 6월 7일

「조선호적령」 제정

1921년 6월 7일 「조선호적령」이 제정되면서 호적 제도가 완전히 일본식으로 변경되었다. 「조선호적령」은 1909년 4월 1일 시행된 「민적법」에 뿌리를 두고 있다.

「민적법」은 실제 동거 여부와 무관하게 관념적인 가家를 편제로 하여 개인의 친족적 신분 관계를 기재하고 호주戶主가 가의 우두머리라는 사실을 명백히 하는 것이었다.

결국 이 법의 실시로 우리나라의 전통적인 호적 제도는 사라지게 되었으며, 천황을 중심으로 한 식민 통치를 강화하기 위해 일본의 「호적법」을 이식한 호적 제도를 사용하게 되었다.

우리나라의 전통적인 호적 제도를 살펴보면, 고려 시대에는 호의 대표자와 그 배우자, 자녀, 형제, 조카, 며느리, 사위 등 동거하는 친족과 노비에 관한 사항까지 기록하였다. 이는 사회적 신분을 밝히는 수단이자, 실생활의 거주 관계를 그대로 반영한 것이었다. 조선 시대 또한 같은 호戶 내에서 거주하는 사람을 한 호적에 기재하는 것이 원칙이었다.

하지만 호의 대표자인 남편이 사망했을 때는 최연장자인 그 배우자(여성)가 대표자가 됨으로써 아들이 우선적으로 호주를 승계하지 않았다. 기혼인 딸도 그대로 친가 호적에 남아 있었고, 딸, 아들 구별 없이 돌아가면서 부모를 부양하고 제사를 모시는 풍습이 있었기에 호주권이나 제사권 승계 관념은 존재하지 않았다. 또한 재산 상속도 균분으로 이루어졌다.

해방 이후에도 우리나라의 호적 제도는 일제 때 시행된 「호적법」의 틀을 유지하고 있었다. 가장 큰 특징은 거주 관계와는 무관하게 호주를 중심으로 관념적인 '가家'에 소속된 구성원을 기재한다는 점이었다.

호주제는 이혼 및 재혼율이 급격히 증가하는 오늘날의 사회에서 부적절하다는 여론이 거세어 헌법재판소에서 헌법불일치 판결이 내려졌다.

이에 2005년 3월 31일 민법이 개정되었고 2008년 1월 1일 「호적법」이 폐지되면서 호주 제도도 폐지되었다.

* 1909년 3월 4일 '호적법의 효시 민적법 공포' 참조

—

1996년 6월 7일

음반 사전 심의 제도, 사실상 폐지

—

1995년 12월 「음반 및 비디오에 관한 법률」이 정기국회에서 개정되었다. 1996년 6월 7일부터 발효된 이 법을 통해 가요 음반 제작과 수입 때 의무적으로 받던 사전 심의 제도가 사실상 폐지되었다.

1933년 일제는 「레코드 단속 규칙」을 제정하였는데, 이를 통해 가요 음반에 대해 공연윤리위원회의 사전 심의를 의무화하였다.

해방 후에도 우리나라는 이것을 고치지 않고 그대로 적용하여 대중 음악 발전에 가장 큰 걸림돌로 여겨졌던 음반 사전 심의 제도를 63년 동안 지속하였다.

하지만 1990년대 들어 예술을 정권 유지의 도구로, 탄압의 대상으로만 생각하던 정부에 맞서 예술인들이 적극적으로 투쟁하기 시작하였

다. 특히 가수 박태춘은 그의 음반 「92년 장마, 종로에서」가 불법 음반
으로 기소된 후 '사전 심의에 대한 위헌 심판 청구'를 신청해 적극적으
로 이 법의 철폐를 주장해 왔다.

그 결과, 비록 음반 발매 5일 전에 견본을 공연윤리위원회에 제출하
도록 하는 단서조항을 두기는 했지만 「음반 및 비디오에 관한 법률」을
개정할 수 있었다.

음반 사전 심의제 폐지로 그동안 금지곡으로 불법 딱지가 붙었던 대
중음악들이 다시 빛을 보게 되었다.

6월의
모든 역사

6월 8일

■
·
■

1720년 6월 8일

46년 재임한 조선 숙종 사망하다

인조반정 이후 서인은 50여 년간 권력을 독점하였다. 그러나 예송 논쟁의 여파로 숙종 대에 이르러 이 흐름이 깨졌다. 바로 환국換局을 통해서인데, 이는 '국면이 크게 바뀐다'는 뜻이다. 지금의 시각으로 보면 급격한 정권 교체라 할 수 있다.

숙종 대에는 환국이 자주 일어났다. 갑인환국-경신환국-기사환국-갑술환국으로 이어지는 모양새를 보면 밤낮 권력을 놓고 다투기만 한 듯싶다. 이것은 숙종이 환국을 왕권 강화의 한 방편으로 활용해서 일어난 현상이다.

　서인과 남인 간에 불꽃을 튀겼던 이른바 '예송 논쟁'에 시달리던 현
종이 1674년 34세의 나이로 돌연 세상을 떠났다. 그 뒤를 이은 것이 바
로 열네 살의 어린 숙종이었다.

　왕위에 오른 숙종은 아직 불씨가 꺼지지 않은 예송 문제에서 부왕의
뜻대로 남인의 기년설(朞年說 : 1년)을 고수하고, 서인의 대공설(大功說
: 9개월)을 비판하였다. 이렇게 되자 남인은 먼저 눈엣가시인 송시열을
제거하기 위해 그를 집중적으로 공격하였다. 상복 문제에서 예를 그르
쳐 왕통을 어지럽혔다는 이유였다. 숙종은 남인들의 주장을 받아들여
송시열을 덕원부로 유배 보냈다.

　숙종은 나이가 어렸지만 서인이 국왕보다도 그들의 영수인 송시열을
더 존중하는 것을 알고 있었다. 대제학 이단하에 대한 꾸짖음은 숙종의
불편한 심기를 잘 드러내고 있다.

　이단하가 지은 현종의 행장에 '송시열소인례宋時烈所引禮'라는 구절이
있었다. '송시열이 예를 이끌었다'는 뜻인데, 숙종은 '소所'를 '오誤'로 고
치라 하였다. 송시열이 예를 '잘못' 이끌었다는 것이다.

　이단하가 나중에 임금의 엄한 분부 때문에 '誤'자로 고쳤다고 변명하
자, 숙종은 "그대는 스승만 알고 임금은 알지 못하는가."라며 그를 파면
시켰다. 숙종의 마음속에는 이미 왕권 강화의 의지가 깊숙이 자리하고
있었던 것이다.

　숙종의 왕권 강화는 '환국'이라는 수단을 통해 실현되었다. 환국換局
이란 국면이 크게 바뀐다는 뜻이다. 즉 집권층의 급격한 교체를 의미
한다.

　인조반정 이래 정국은 50여 년간 서인이 주도해 왔는데, 숙종이 즉위
한 1674년 갑인년에 예송 논쟁의 결과로 남인에게 모처럼 권력이 넘어

갔다. 이것이 갑인환국이다.

그러나 남인이 너무 독주하자 숙종은 허적의 궁중 기름 천막 유용과 허견의 역모를 빌미로 남인들을 축출하고 다시 서인들을 불러들였다. 바로 경신환국이었다.

환국은 여기서 멈추지 않았다. 숙종 14년(1688)에 후궁 장씨가 왕자 균을 낳았는데, 그녀가 남인과 연결되어 있다는 것이 문제였다. 숙종이 서둘러 균을 원자로 정하려 하자 서인들은 일제히 반대하였다. 이들은 "중궁이 아직 나이가 젊으니 좀 더 때를 기다리자."고 하였다. 그러나 숙종은 자신의 생각을 밀어붙여 균을 원자로 삼고 장씨를 희빈에 봉하였다.

이에 송시열이 숙종의 조치를 시기상조라고 비판하자, 숙종은 원자의 미래를 위해서 서인들을 내쫓고 다시 남인들을 등용하는 수밖에 없다고 판단하였다. 이것을 기사환국이라고 부른다. 송시열은 이 사건의 여파로 사사되고 중전인 인현왕후 민씨는 쫓겨나 장희빈이 그 자리를 차지하였다.

그런데 1694년 서인 측에서 폐비 민씨의 복위 운동을 전개하자, 남인 측에서는 이를 구실로 서인 세력을 완전히 쑥대밭으로 만들고자 하였다. 이에 서인 측에서는 장희재가 최숙원을 독살하려 했다며 역공을 가했으나 남인들은 고변자만 잡아 옥에 가두었다.

그러나 이 무렵 중전 장씨에 대한 숙종의 악화된 마음이 남인들에게는 불행의 시작이었다. 숙종이 최숙원에게 독살 음모를 확인하자 그녀는 사실이라고 답하였다. 장희빈의 핍박에 시달려온 최숙원이 남인들에게 도움이 되는 대답을 할 리 만무하였다. 다시 조정은 서인들의 세상이 되었고 남인들에게는 피바람이 몰아쳤다. 이른바 갑술환국이었다.

갑술환국으로 서인들이 다시 정국의 주도권을 잡자, 인현왕후 민씨가 복위되고 장희빈은 후궁으로 떨어졌다. 그러나 장희빈은 신당을 차려놓고 인현왕후 민씨를 저주한 것이 들통 나 사약을 마시고 스스로 목숨을 끊어야 했다.

이후 남인은 정조 대에 일부 인사가 다시 기용될 때까지 중앙 정치에서 철저히 배제되었다. 서인은 권력을 확실하게 장악은 했지만 노론과 소론 사이에 분열이 가속화되었다. 눈앞에 있는 공동의 적 때문에 잠시 봉합되었던 내분이 문제가 해결되자 활화산처럼 폭발한 것이다.

이렇듯 숙종 대에는 붕당 간의 정쟁이 격화되었지만 그럴수록 왕권은 강해져 임진왜란과 병자호란의 후유증을 거의 극복하는 데에 이르렀다.

숙종은 대동법을 경상도와 황해도까지 실시하여 그 법을 전국적으로 확대하였다. 또 임진왜란 이후 지지부진하던 양전量田 사업을 서북 지방 일부를 제외하곤 사실상 완결 지었다. 들쑥날쑥하던 군포도 2필로 통일하여 백성들의 부담을 덜어주는 데 힘을 썼다.

경제 분야에서 숙종의 업적 중 또 하나 두드러지는 것은 상평통보의 유통이었다. 이는 조선 후기의 상업 발달에 커다란 영향을 미쳤다.

이렇듯 강력한 왕권을 바탕으로 민생의 안정을 도모하던 숙종은 1720년 6월 8일 경덕궁에서 눈을 감았다. 재위 기간은 무려 45년 10개월이었다.

* 1689년 2월 4일 '송시열을 유배 보내다' 참조

1925년 6월 8일

조선총독부, 조선사편수회 설치

1925년 6월 8일 일제에 의해 조선사편찬위원회가 조선사편수회로 명칭을 바꾸고 독립된 관청으로 격상되면서 조직이 확대, 개편되었다. 일제는 조선을 점령하는 동안 조선 역사를 왜곡하여 일본의 점령 행위를 정당화시키는 작업을 계속하였다.

일본인들은 일본 민족의 우위성을 고취하고 역사 교육을 통해 조선인의 민족의식을 배제하고자 하였다. 이러한 목적하에 1916년 1월 중추원 산하 조선반도사편찬위원회를 발족시켰다. 이 조직을 1922년 12월 조선총독부 산하 조선사편찬위원회로 바꾸었으며 다시 이날 조선사편수회로 명칭을 바꾼 것이다.

제일 처음 논의된 것은 자료 수집 방안이었다. 초기에는 강제 수색과 압수로 사료를 수집했으나 소장자들이 숨기고 내놓지 않는 바람에 수집이 어려워지자 대여 형식으로 방법을 완화하였다. 1910년 11월부터 1937년까지 27년간 전국을 누벼 조선 사료를 광범위하게 수집하였고, 전국의 도 · 군 · 경찰서 등 관청의 협력을 받았다.

사료 수집을 완료한 후에는 1932부터 1938년까지 식민사관을 바탕으로 『조선사』 37책, 『조선사료총간』 20종, 『조선사료집진』 3책 등을 간행하였다. 특히 일제는 '단군조선'을 없애려고 편찬 기구의 개편 때마다 한국사의 상한선을 아래로만 끌어내려 『조선사』에는 단군조선이 신화로 기록되어 있다.

일제는 조선사편수회 고문에 이완용 · 권중현 등의 친일 역적을 비롯해 일본인 거물들과 어용학자들을 위촉하였다. 위원장급인 회장에는 현직 정무총감을 앉혀 한국사 왜곡 편찬에 박차를 가하였다.

—
1948년 6월 8일

미군기의 폭격으로 독도 주민 16명이 사망하다
—

1948년 6월 8일 일본 오키나와에서 출격한 미군 폭격기 B29가 독도 부근에서 고기잡이와 미역 채취를 하고 있던 우리나라 배들을 향해 폭탄을 투하하는 사건이 벌어졌다.

놀란 어민들은 바다로 뛰어들었고, 독도 위에서 휴식을 취하던 어민들은 동굴로 급히 몸을 피하였다. 어떤 이들은 태극기를 흔들며 손짓을 해 보았지만 헛수고였다. 이 사고로 어선 23척이 침몰하고 16명이 사망하였다.

이 사건은 사건 발생 사흘 뒤인 6월 11일자로 신문에 보도되면서 온 국민으로 하여금 울분과 비통함에 잠기게 하였다.

그러나 미 군정은 사건 발생 8일이 지나도록 폭격 사실 등을 부인했다. 단지 미 공군 극동사령부를 통해 미 제5공군 소속 B29 폭격기가 어선들을 바위로 오인해 연습 폭격을 했다고 발표하였다.

그리고 미군 당국은 소청위원회를 구성, 울릉도와 독도에서 피해 내용을 조사했고 1명을 제외한 피해자들에게 소정의 배상을 완료하였다.

하지만 당시 목격자들에 의해 B29가 저공비행을 하면서 조준 사격을 가한 것이 밝혀지면서 단순한 실수였다고 주장하는 미군 측의 주장에 대한 의구심이 사라지지 않고 있다.

1953년 6월 8일

유엔군과 북한군,
한국전쟁 포로 문제에 관한 협정 타결

1953년 6월 8일 유엔군 측과 북한군 측이 포로 송환에 관한 합의서에 서명함으로써 남북 포로 교환 협정이 조인되었다.

북한이 모든 공산포로를 무조건 송환시켜야 한다는 원칙을 주장한 데 반해, 유엔군은 희망자만 송환시킨다는 원칙을 고수해 협정 조인이 이뤄지기까지 여러 차례 결렬 위기를 맞았다.

그러나 유엔군과 북한군은 5개 중립국으로 송환위원회를 구성해 송환 거부 포로들에 대해 한 달 동안의 설득 기간을 갖고 이후에도 뜻을 바꾸지 않은 포로들은 민간인으로서 석방한다는 데 합의함으로써 협정 조인을 성사시켰다.

이승만 대통령은 이 협정에 반발해 휴전 성립이 되기도 전인 같은 달 18일부터 남한에 수용 중이던 북한과 남한 출신의 반공 포로 2만 7,000여 명을 석방해 버리기도 했다.

* 1953년 6월 18일 '이승만, 반공 포로 전격 석방' 참조

6월의
모든 역사

6월 9일

■
·
■

1849년 6월 9일

강화도령 철종이 왕위에 오르다

헌종이 후사를 남기지 못하고 죽자 세도정치를 펴고 있던 안동 김 씨는 강화도에 사는 원범을 데려와 왕으로 앉혔다. 그들에게 왕은 절대 똑똑하면 안 되었다. 그래야 왕을 꼭두각시로 부려 먹으면서 자신들의 권력을 유지할 수 있기 때문이다.

강화도령은 여기에 가장 입맛이 맞는 존재였다. 그는 전계군의 아들로서 집안이 역모에 연루되자 강화도에서 살았다. 거의 교육을 받지 못하고 들에서 농사일만 하다 보니 왕이 무엇인지조차 몰랐다고 한다.

헌종은 지나치게 여색을 밝혀서인지 20대의 젊은 나이에도 불구하고 자주 비실거렸다. 불면증으로 잠을 이루지 못하는 날들이 많았고 얼굴에는 부기도 있었다. 피골이 상접한 그의 모습은 목숨이 얼마 남지 않았음을 말해 주었다.

하지만 헌종에게는 나이 스물이 넘도록 아들이 없었다. 자연히 헌종의 뒤를 이을 후계자의 선정이 중요하였다. 처음엔 총명하기로 소문난 이하전이 물망에 올라 '인손'으로 불리기도 하였다. '인손'이란 순조의 능호인 인릉에서 따온 것으로 순조의 손자라는 의미였다.

그러나 충청감사로 나갔던 김수근이 다시 조정에 돌아오면서 물길의 방향이 틀어졌다. 그는 영의정 김좌근에게 이하전의 위험성에 대해 경고하였다. 이하전이 왕위에 오르면 안동 김씨는 머지않아 화를 당한다는 것이었다. 거기에는 나름대로 근거가 있었다. 이하전이 의기가 넘치는데다 시파인 안동 김씨와 달리 벽파에 속한 때문이었다.

놀란 김좌근이 계책을 묻자, 김수근은 전계군의 셋째 아들로 대통을 이으라고 하였다. 안동 김씨의 세도정치를 계속 이어나가기 위해선 무지몽매한 존재가 필요하다는 것이었다. 전계군의 셋째 아들이 바로 '강화도령'으로 유명한 철종이었다.

1849년 6월 마침내 헌종이 죽었다. 대왕대비 순원왕후는 재빠르게 대신들을 소집하여 영조의 혈통으로 나이 19세의 강화도령을 새 국왕으로 내정했음을 알렸다. 권돈인은 이에 반대하여 비록 촌수가 멀지만 이하전이 영특하니 그를 왕위에 앉히자고 하였다. 하지만 안동 김씨에 동조하는 정원용은 각본대로 '강화도령'을 밀어붙였다.

사실 항렬로 따지면 강화도령은 헌종에게 7촌 아저씨뻘이었다. 이리되면 아저씨가 조카의 뒤를 잇는 꼴인데, 이는 왕통의 질서를 어지럽히는 것이었다. 그런데도 안동 김씨가 이를 강행한 것은 그만큼 허수아비 왕이 필요했기 때문이었다.

철종은 정조의 이복동생인 은언군의 손자로서 사도세자에게는 증손이 된다. 은언군에게는 은신군과 은전군이라는 두 동생이 있었는데 모두 비극적으로 삶을 마쳤다. 은신군은 김귀주의 무고로 제주도로 유배 갔다가 그곳에서 병사했고, 은전군은 정조를 살해하고 그를 왕으로 추대하려는 역모에 얽혀 목숨을 끊어야 했다.

은언군의 삶도 우울하긴 마찬가지였다. 그의 아들 상계군이 홍국영의 음모로 모반죄에 연루되자 그 여파가 생부인 자기에게까지 미친 것이다. 정조의 노력에 힘입어 강화도에 유배되는 것으로 죽음만은 겨우 모면했다. 하지만 순조 때에 아내 송씨와 맏며느리 신씨가 천주교 신자임이 드러나 결국 사사되고 말았다.

그런데 이 가문에 또 한 차례의 태풍이 몰아쳤다. 은언군의 막내아들 전계군은 아들 셋을 두었는데, 맏아들 원경이 민진용 일파가 꾸민 역모에 관련되어 죽음을 당한 것이다. 이 사건으로 동생 경응과 원범도 강화도로 유배되었다. 이들 형제는 여느 백성들처럼 직접 땔나무를 하고 짚신을 삼으며 살아갔다. 끝없이 비극만 계속될 듯한 이들에게 헌종의 죽음은 뜻하지 않은 행운을 불러왔다.

원범은 어린 시절에 소학과 통감을 약간 읽은 것 말고는 전혀 학문을 배우지 못하였다. 때문에 영접사가 강화도로 그를 모시러 가자, 왕이 무엇인지도 몰라 겁을 먹고 달아나 이를 설득하느라 애를 먹었다고 한다. 그만큼 철종은 세상물정에 어두웠다.

원범의 형 경응은 서울서 관리들이 몰려온다는 연락을 받고 급히 도망치다 섬돌에서 떨어져 팔이 부러졌다. 툭하면 집안이 역모에 걸려 도

류이 나는 모습을 보아온 탓이었다.

영문도 모른 채 사람들에 이끌려 서울에 올라온 원범은 1849년 6월 9일 덕완군에 봉해졌다. 이튿날 창덕궁 희정당에서 관례를 행하고 드디어 인정문에 나아가 즉위하였다.

순원왕후는 철종의 나이가 어리고 학문을 배우지 못한 점을 들어 수렴청정을 하였다. 1851년에는 김문근의 딸을 왕비로 들이니 안동 김씨의 세도는 다시금 강력한 에너지를 충전 받았다.

철종은 원래 건강한 체질이었으나 궁에 들어온 이후에는 매우 쇠약해졌다. 들판에서 자유로이 뛰놀던 그에게 궁궐은 감옥이나 마찬가지였다.

결국 철종은 재위 14년 만인 1863년 서른셋의 젊은 나이로 죽고 말았다.

—
1977년 6월 9일

국내 최초 고리 원자력발전소 1호기 발전기 점화
—

1971년 11월 미국 웨스팅하우스사社에서 부산광역시 기장군 장안읍 고리에 착공한 원자력발전소 1호기가 1977년 6월 9일 핵연료 48t을 원자로에 채워 넣고 점화하였다.

이어 각종 시험을 거쳐 1978년 4월부터 본격적인 상업 가동에 들어갔다. 이 원자력발전소의 가동으로 우리나라는 세계에서 20번째, 아시아에서는 일본·인도에 이어 3번째의 원자력발전국이 되었다.

고리 원자력발전소 1호기는 시설 용량이 58만 7,000kw이며, 외자를 포함하여 약 1,428억 원의 총공사비가 소요되었다.

원자력발전소의 가동으로 수입 에너지원源의 다원화에 의한 안정된 장기 에너지 확보의 길을 열었고, 또 관련된 원자력 산업의 육성을 위한 기술 축적 및 고급 기술 인력 양성 등에도 크게 이바지하였다.

그 후 1983년 7월에는 시설 용량 68만kw의 고리 2호기, 1985년 9월에는 시설 용량 95만kw의 고리 3호기, 이어 1986년 4월에는 역시 시설 용량 95만kw의 고리 4호기가 준공됨으로써 고리 원자력발전소는 국내 전력 공급의 중추적인 기능을 발휘하는 발전 기지의 역할을 하였다.

하지만 2012년 4월 설계 수명이 지난 노후 원전인 1호기가 전기 고장으로 가동이 중지되는 사고가 발생함으로써 핵발전소의 안전성에 대한 불안감이 커진 상태이다.

―

1846년 6월 9일

김대건 신부, 해주 감영으로 이송

―

한국 최초의 신부 김대건이 1846년 5월 선교사 영입을 위한 잠입 통로를 개척하다가 순위도에서 관헌에 체포되어 6월 9일 해주 감영으로 이송되었다.

김대건은 가톨릭교회의 중요한 지도자라는 죄명 등으로 고문을 받았으며, 서울로 옮겨져 새남터에서 군문효수형을 받고 25세의 젊은 나이로 순교하였다.

그는 1984년 한국교회 창설 200주년을 기념하기 위해 방한한 교황 요한 바오로 2세에 의하여 다른 한국 순교자 102명과 함께 성인위에 올랐다.

　김대건은 1822년 충청남도 당진에서 태어났다. 하지만 증조부가 10년 동안의 옥고 끝에 순교하자, 할아버지가 경기도 용인군 내사면 남곡리로 이사함에 따라 그곳에서 성장하였다. 아버지도 독실한 천주교 신자였으며, 1839년 기해박해 때 서울 서소문 밖에서 순교하였다.

　김대건은 1836년 초에 입국한 프랑스 신부 모방에게서 영세를 받았다. 그는 이후 신학생으로 발탁되어 최양업 · 최방제와 함께 마카오의 파리외방전교회로 떠났다. 중국인 신부 유방제와 함께 마카오에 도착, 철학과 신학 과정을 이수하였다.

　잠시 공부를 중단하고 국내 잠입로 개척을 위해 노력했으나 두 번 다 실패하고 말았다. 부사제가 된 후 1845년 1월 단신으로 서북 국경선을 돌파하여 밀입국에 성공, 가톨릭 박해로 타격을 받은 교회를 재수습하였다. 그해 8월에 다시 상하이로 건너가 김가항에서 페레올 주교의 집전 하에 사제 서품을 받음으로써 한국인 최초의 사제가 되었다. 그 뒤 서울로 돌아와 용인 지방을 중심으로 교우들을 방문하는 등 활발한 전교 활동을 폈다.

　김대건 신부는 1846년 체포될 때까지 성직자로서의 활동은 1년 남짓한 짧은 기간이었으나, 이 기간에 한국인 성직자의 자질과 사무 능력을 입증하여 조선교구의 부교구장이 되었고 투철한 신앙과 신념으로 성직자로서의 참다운 모습을 보여 주었다.

* 1945년 8월 17일 '김대건, 조선인 최초로 사제 서품을 받다' 참조
* 1984년 5월 6일 '교황 요한 바오로 2세, 한국 순교 복자 103위를 성인으로 시성하다' 참조

1987년 6월 9일

연대생 이한열, 시위 도중 최루탄에 부상

1987년 6월 9일 연세대학교 경영학과 2학년인 이한열이 교문 앞에서 전경이 쏜 최루탄에 머리를 맞고 혼수상태에 빠졌다. 그는 이튿날로 예정된 '6·10 국민평화대행진 출정을 위한 교내 결의 대회'를 마친 뒤 학교 정문 앞에서 시위를 벌이던 도중이었다.

당시 국민들은 전두환 대통령이 노태우 민정당 대표를 후보로 선출해 간접선거 방식인 이른바 체육관 선거로 정권을 연장하려는 움직임을 보이자 거세게 저항하였다. 그리고 1월의 박종철 고문치사 사건과 4·13 호헌 조치는 학생 시위를 절정에 이르게 하였다.

이 무렵 시민단체들은 학생들과 연합해 '박종철 군 고문 살인 은폐 규탄 및 호헌 철폐 국민 대회'를 6월 10일 전국적으로 개최하기로 예정하였다.

이 대회의 일환으로 전날인 6월 9일 연세대 교문 앞에서 벌어진 시위에 참가했던 이한열이 결국 변을 당한 것이다. 이한열은 곧바로 병원으로 옮겨졌지만 뇌사 상태에 빠졌고, 27일 만인 7월 5일 새벽 2시 5분 사망하였다.

이 사건의 결과, 국민들의 항쟁이 걷잡을 수 없이 번져 전국 33개 도시에서 하루 100만여 명이 시위를 벌이는 등 이른바 '6월 항쟁'의 불길이 거세게 일었다. 노태우 민정당 대표는 시국을 수습하기 위해 결국 '6.29 선언'을 통해 대통령 직선제 개헌을 발표하였다.

이한열의 죽음은 한 대학생의 단순한 죽음이 아니라 한국 현대사의

분수령을 이룬 6월 항쟁의 처절하고 비장한 마무리였다고 평가 받고
있다.

* 1987년 1월 14일 '박종철 고문으로 사망' 참조
* 1987년 4월 13일 '전두환 대통령, 4 · 13 호헌 조치 발표' 참조
* 1987년 6월 10일 '6 · 10 민주화 항쟁이 일어나다' 참조
* 1987년 6월 29일 '노태우 민정당 대표, 6 · 29 선언을 하다' 참조

1954년 6월 9일

「한국일보」 창간

「조선일보」 사장 출신의 언론인 장기영이 1954년 「태양신문」을 인수
하고, 그해 6월 9일자부터 제호를 「한국일보」로 고쳐 창간하였다.

우리나라 언론 사상 최초로 상업지를 표방한 「한국일보」는 1950년
대 중반 이후부터 다른 신문에 앞서 견습기자 공개 채용 제도를 실시하
였다. 1958년 9월 26일에는 최병우 기자가 타이완 해협에 특파되어 취
재를 하던 도중 실족사하여 8 · 15 광복 후 최초의 순직 기자가 되었다.

1979년 10월 9일에는 국내 최초로 한글 자동문선自動文選 및 자동식자
自動植字 컴퓨터 시스템을 완성한 데 이어, 1981년 10월에는 한글과 한자
자동편집기를 개발하여 인쇄기술 개발에도 노력하였다.

그리고 1962년 군사정권에 의해 조석간 양간제가 폐지된 이후 29년
만인 1991년 12월 16일에는 석간을 발행하여 조 · 석간 양간제로 신문
을 발행하였다. 하지만 속보성의 제한으로 1992년 11월 30일 석간을

휴간하고 다시 조간만 발행하는 단간제로 되돌아갔다.

「한국일보」는 이밖에도 다양한 사업을 추진하였다. 1957년부터 '미스코리아 선발대회'를 시작하여 매년 세계 6개 대회에 파견하였고, 1980년에는 '미스 유니버스 대회'를 서울에서 개최하여 전 세계에 방영하였다.

이 밖에도 1961년 1월부터 시작한 '10만 어린이 부모 찾아주기 운동', 1976년 7월에 시작한 '1,000만 이산가족 친지를 서로 찾자' 등이 대표적인 활동이다.

2012년 현재 「스포츠한국」「코리아 타임스」「서울경제신문」「소년한국일보」「주간한국」 등을 자매지로 발행하고 있다.

6월의
모든 역사

6월 10일

■
■
■

1987년 6월 10일

6 · 10 민주화 항쟁이 일어나다

"냉수를 몇 컵 마신 후 심문을 시작, 박종철 군의 친구 소재를 묻던 중 갑자기 '억' 소리를 지르면서 쓰러져, 중앙대 부속 병원으로 옮겼으나 12시경 사망하였다."

-강민창, 치안본부장

1987년 1월 14일 서울대학교 언어학과 3학년생이던 박종철이 치안
본부 남영동 대공분실에서 경찰의 물고문으로 사망하는 사건이 발생하
였다. 이에 경찰은 고문으로 사망했다는 사실을 은폐하기 위해 '책상을
탁 치니 억 하고 쓰러졌다.'라고 사망 원인을 발표하였다.

이 사실에 분개한 시민과 학생들은 2월 7일 전국 주요 도시에서 '박
종철 군 범국민 추도식' 및 도심 시위를 벌였다. 3월 3일에도 '박종철
군 49재와 고문 추방 국민 대행진'과 시위를 벌였다.

하지만 4월 13일 전두환 대통령은 개헌 논의 유보를 내용으로 하는
'4 · 13 호헌 조치'를 내렸다. 이에 4월 14일 천주교 김수환 추기경 등
각계 인사가 4 · 13 호헌 조치를 비판하는 시국 성명을 발표하였고, 5
월 17일에는 노동자였던 황보영국이 부산상고 앞에서 '독재 타도' 등을
외치며 분신하는 사건이 발생하였다. 황보영국은 1주일 뒤 사망하였다.

5월 18일에는 광주 항쟁 7주년 미사에서 천주교정의구현전국사제단
김승훈 신부가 박종철 고문치사 사건이 경찰에 의해 축소 은폐되었음
을 폭로하였다. 이에 군사 독재 정권인 제5공화국 정권을 비판하던 국
민들은 전두환 정권의 옳지 못함에 크게 분노하였고, 이후 민주화를 요
구하는 시위가 전국 각지에서 연일 일어났다.

전두환 대통령은 어수선한 정국을 전환하기 위해 박종철 고문치사
사건에 대한 책임을 물어 국무총리 노신영을 경질하고 이한기를 신임
총리로 임명하였다.

하지만 시민들은 이에 만족하지 않고 '박종철 군 고문 살인 은폐 조
작 규탄 범국민대회 준비위원회'를 결성하고 6월 10일에 규탄 대회를
갖기로 결정하였다. 6월 9일에는 연세대학교 학생인 이한열이 학교 앞
시위 중 경찰이 쏜 최루탄에 맞아 뇌사 상태에 빠지는 사건이 발생하

였다.

드디어 6월 10일에 민주헌법쟁취국민운동본부 주최로 대한성공회 서울교구 서울주교좌대성당에서 '박종철 군 고문치사 조작, 은폐 규탄 및 호헌 철폐 국민대회'가 개최되었다. 이른바 6 · 10 민주화 항쟁이 시작된 것이다.

민주헌법쟁취국민운동본부는 오후 6시를 기해 전두환 독재 정권에 대한 민중 항쟁의 뜻으로 차를 세워서 경적을 울리거나 흰 손수건을 흔들어 달라고 지침을 내렸다.

이에 택시 운전사들의 경적 소리와 시내버스에서 흰 손수건을 흔드는 시민들의 모습이 줄을 이었다. 여고생들은 항쟁 참여자에게 마실 물과 도시락을 가져다주는 등 적극적인 참여와 지원을 하였다.

국민들의 항쟁은 걷잡을 수 없이 번져 전국 33개 도시에서 이날 하루 동안에만 100만여 명이 시위를 벌였다.

이후 6월 26일까지 전국 37개 도시에서 국민평화대행진 시위가 전개되었고 3,467명이 경찰에 연행되었다. 6만 명의 경찰 병력이 배치되었지만, 6 · 10 민주 항쟁의 3배가 넘는 시민들이 국민평화대행진에 참여하여 시위를 막기에는 역부족이었다. 특히나 회사원들, 넥타이 부대들의 시위 참여로 6월 항쟁은 학생 항쟁에서 시민 항쟁으로 변화했다는 평가를 받았다.

결국 6월 10일 서울 잠실체육관에서 열린 민주정의당 전당대회에서 대통령 후보로 선출된 노태우 민정당 대표위원은 6월 29일에 8개 항의 시국 수습 내용을 포함한 '6 · 29 선언'을 발표하였다. 6 · 29 선언 이후 직선제 개헌이 본격적으로 추진되었고, 제6공화국 새 헌법 개정을 위한 국민투표를 거쳐 1987년 10월, 대통령 직선제로의 개헌이 이루어졌다.

　대통령 직선제 개헌으로 16년 만에 대통령 선거가 직접선거로 치러졌지만, 정통 민주세력이자 당시 야당의 중심축이었던 김대중 당시 통일민주당 고문과 김영삼 당시 통일민주당 총재가 대통령 후보 출마를 놓고 공식 선거전을 앞둔 1987년 10월에 분열을 일으키면서 독자 출마를 강행하게 되었다.

　결국 6월 항쟁의 중심 역할을 했던 민주세력의 통합이 불발되면서, 제13대 대통령선거에서는 민주정의당의 노태우 후보가 당선되었다.

　하지만 6월 항쟁은 군사적 독재 정치가 종식을 고하는 계기가 되었다. 물론 형식적으로는 노태우 정권의 연장으로 귀결돼 군사주의가 완전히 종언을 고했다고 보기는 어렵지만 정치 내용적으로나 사회 · 문화적으로 민주주의 이념과 제도가 뿌리 내리는 결정적 계기가 되었다.

　또한 6월 항쟁은 노동자 · 학생 · 빈민 · 농민뿐만 아니라 도시 중산층과 샐러리맨들까지 가세하여 사회 전반에 걸쳐 전 지역적으로 전개한 투쟁이었다는 의미가 있다. 이후 각계각층의 민주적인 시민운동 · 민중운동 등이 비약적으로 발전하였다.

　특히, 노조를 통해 조직화되어 나타난 7월부터 9월까지의 노동자 대투쟁은 향후 노동자의 사회적 위상을 급격하게 드높이는 결과를 가져왔다.

* 1987년 1월 14일 '박종철, 고문으로 사망' 참조
* 1987년 4월 13일 '전두환 대통령, 4 · 13 호헌 조치 발표' 참조
* 1987년 6월 9일 '연세대 이한열, 시위 도중 최루탄에 부상' 참조
* 1987년 6월 29일 '노태우 민정당 대표, 6 · 29 선언을 하다' 참조

1926년 6월 10일

6 · 10 만세 운동이 일어나다

우리는 일찍이 민족적 및 국제 평화를 위하여 1919년 3월 1일 조선의 독립을 선언했다. 우리는 역사적 복수주의를 반복하려는 것이 아니라 일본의 통치로부터 벗어나려는 것뿐이다. 우리의 독립선언은 정의의 결정이며 평화의 상징이다. 그럼에도 불구하고 제국 자본주의의 횡포한 일본 정부는 학살 · 고문 · 징역 · 교수 등의 악형을 가지고 우리를 대하고 있다. 우리는 죽음의 땅에서 헤어나지 못하여 슬픔의 눈물을 흘리고 있다. …… 형제여! 자매여! 최후까지 싸워 완전 독립을 쟁취하자! 혁명적 민족운동자 단체 만세! 조선 독립 만세!

－이재화,『한국근대민족해방운동사』

1926년 4월 26일 대한제국의 마지막 황제인 순종이 53세를 일기로 눈을 감았다. 일제의 강요로 고종이 억지로 양위를 할 때부터 순종에게는 고달픈 여정이 시작되었다. 일제는 그가 즉위하자 곧 강제로 군대를 해산하고 사법권을 강탈하였다.

하지만 그것은 아직 신호음에 불과했다. 1910년이 되자 마침내 최악의 시나리오가 터졌다. 일제가 이완용 등의 친일 매국노를 앞세워 한일합병을 성사시키고 한반도를 점령한 것이다.

이렇게 대한제국이 무너지자 순종은 왕으로 강등되어 창덕궁에 유폐되었다. 그는 니코틴과 카페인에 중독되고 불면증과 우울증에 시달렸다.

1926년 4월 25일에 순종이 죽자 장안에는 고종 때처럼 독살설이 파다해 민심이 자못 흉흉하였다. 이런 가운데 장례일이 6월 10일로 정해졌다.

일제는 3월 3일 고종의 장례식에 즈음하여 일어난 '3 · 1 운동'의 쓴맛을 기억하고 있었다. 그 때문에 제2의 '3 · 1 운동'이 일어나는 것을 막기 위해 철통 같은 경비를 펼치고 한국인의 행동을 감시하였다. 평양과 원산 등지에 주둔하고 있던 육군과 해군 7,000명을 경성으로 집결시키고 부산항과 인천항에는 함대를 대기시켜 놓았다.

일제의 판단은 정확하였다. 순종은 국민들의 상징이었고 그의 죽음은 수많은 사람들을 자극하였다. 일제가 감시의 눈을 번뜩였지만 곳곳에서 장례식 당일 항일 시위를 계획하였다.

3 · 1 운동 이후 국내외의 독립운동은 무척 침체된 상태였다. 국내에서는 일제가 교묘한 문화정치로 탄압과 회유를 병행하면서 민족세력의 칼끝이 무뎌졌다. 나라 밖에서도 상해임시정부는 극심한 분열로 난파 상태였고, 만주에서의 무장투쟁도 청산리 전투 후 일제의 대대적인 토벌과 자유시 사변으로 큰 타격을 입었다. 이런 상황에서 순종의 서거는 민족의 울분과 독립의 의지를 다시금 폭발할 수 있는 하나의 돌파구였던 것이다.

가장 발 빠르게 움직인 곳은 조선노동총동맹이었다. 여기에선 5월 3일 권오설 · 이지탁 · 박민영 3인으로 하여금 소위원회를 구성하고 이중 권오설에게 6 · 10 운동의 총책임을 맡겼다. 하지만 중국 지폐 위조 사건과 『개벽』지 압수 사건으로 일본 경찰에게 꼬리를 잡히는 바람에 모두 중간에 체포되고 말았다.

사회주의 계열에 의한 거사는 들통이 나 실패했지만 학생들은 사직동과 통동의 두 갈래로 나뉘어 예정대로 일을 추진하였다.

전문학생들이 중심이 된 사직동계는 처음 세검정으로 야유회를 갔다가 순종의 사망 소식을 들었다. 이들은 5월 20일 연희전문대생인 박하균의 하숙집에 40여 명이 모여 장례식 날 가두시위를 벌이기로 약속하였다. 이들은 하숙방과 서대문의 솔밭을 전전하면서 몰래 태극기와 격문을 만들었다.

이와는 별도로 통동계는 중앙고보와 중동학교의 박용규·이동환·황정환·김재문 등이 모여 사립고보생들 중심의 시위를 모의하였다. 이들은 통동 김재문의 하숙방에서 김성수와 최남선을 민족대표로 내건 격문을 제작하였다.

드디어 순종의 장례일인 6월 10일이 되자, 순종의 마지막 가는 길을 애도하는 물결이 온 시내를 뒤덮었다. 돈화문에서 장지인 홍릉까지 길가에 늘어선 학생들의 숫자만 해도 2만 4,000명에 달했다. 아침 8시 반쯤 상여가 단성사 앞을 지나자 각본대로 중앙고보생 300여 명이 격문을 뿌리며 독립만세를 외쳤다.

이것을 도화선으로 마치 파도타기처럼 상여가 지나는 곳곳에서 시위가 일어났다. 그러나 요소마다 배치된 일본경찰에 의해 금방 제지되거나 체포되어 3·1 운동처럼 거대한 해일로 발전하지는 못하였다. 서울에서의 소식이 지방에도 알려지자 고창고보를 비롯한 20여 곳의 지방학생들이 동맹휴학을 하며 시위에 동조했다.

이 사건으로 서울과 지방에서 1,000여 명의 학생들이 검거되었다. 비록 6·10 만세 운동은 규모도 작고 기간도 짧았지만 그 의미는 작지 않다. 학생들은 기성세력들과의 공모 없이도 독자적으로 거사를 추진했고, 이를 통해 침체된 민족운동에 새로운 활기를 불어넣었다.

민족주의와 사회주의로 갈라져 대립하던 민족운동 진영에 통합과 연대의 필요를 제기해 이듬해 신간회가 결성된 것도 이 사건의 여파였다.

* 1926년 4월 25일 '조선의 마지막 왕, 순종 승하' 참조

1871년 6월 10일

신미양요 일으킨 미 함대 초지진 상륙

제너럴셔먼호 사건을 빌미로 강화도에 쳐들어온 미국 아시아함대가 1871년 6월 10일 초지진 상륙작전을 단행함으로써 역사상 최초로 조·미 전쟁이 발발하였다.

미국은 해상 함포사격으로 초지진을 점거한 후 다음 날 덕진진을 무혈 점거하고, 광성보를 공격하였다. 광성보는 진무중군 어재연이 이끄는 조선 수비병 600명이 지키고 있었다. 미군은 수륙 양면포격을 한 시간 가량 벌인 끝에 광성보를 함락한 후 수자기帥字旗를 탈환하고 성조기를 게양, 전승을 자축하였다.

이 전투에서 미군은 전사자 3명, 부상자 10명뿐이었으나, 조선은 전사자 350명, 부상자가 20명이었다. 미군은 처음부터 군사적으로 조선을 정복하여 식민지로 삼고자 했던 것이 아니라 조선을 무력적으로 개항시키려는 의도였다.

그러나 미국은 흥선 대원군의 강력한 쇄국양이 정책에 부닥쳐 조선 개항을 단념하고 7월 3일 함대를 철수하였다.

미국은 1854년 일본 개항 성공을 역사적 교훈으로 삼아 남북전쟁 이

래 최대 규모의 해군 병력을 동원하였다. 이를 통해 조선 원정을 단행
하여 조선을 개항시키려 하였으나 결과는 일본의 경우와 정반대로 끝
난 것이다.

조선 측은 조 · 미 전쟁에서 완전 패배하였지만, 미군 함대가 철수하
자 이를 패퇴로 간주하였다. 그리고 그 결과, 배외 감정은 더욱 고조되
었다.

1962년 6월 10일

제2차 화폐개혁 단행

1962년 6월 9일 5 · 16 군사정부는 '긴급통화조치법'에 의거, 10일 0
시를 기해 화폐 단위를 '환'에서 '원'으로 바꾸고 10환을 1원으로 교환
한다는 내용을 발표하였다.

경제개발 5개년 계획의 재원을 마련하고 부정축재 자금을 회수하여
장기 산업 투자 재원으로 활용함으로써 인플레이션을 미연에 방지하겠
다는 것이 5 · 16 군사정부의 의도였다.

제1차 화폐개혁은 이승만 정권하인 1950년 8월 28일부터 조선은행
권을 새로 발행한 한국은행권으로 1:1 교환하는 것으로 이루어졌는데,
이후 1953년 1월 16일까지 약 29개월간 모두 5회에 걸쳐 진행되었다.

이로써 '환'으로 바뀌었던 화폐 단위가 9년 만에 다시 '원'으로 되돌
아왔다. 하지만 영국 화폐 회사에서 급히 인쇄를 하는 바람에 '독립문'
이 '득립문'으로, '조폐공사'가 '조페공사'로 잘못 인쇄되기도 하였다.

또한 시행 첫날인 10일은 일요일임에도 불구하고 은행은 아침부터

몰려든 사람들로 장사진을 쳤고, 물가 폭동을 염려한 시장 일부에서는
생필품을 사두려는 사람들로 북새통을 이뤘다. 기업 활동도 위축돼 사
회 불안까지 가중되었다.

* 1950년 8월 28일 '제1차 화폐개혁 단행' 참조

1959년 6월 10일

월간 『야화』, '하와이 근성 시비'로
판매 금지 조치

전라도는 간휼과 배신의 표상이기에 전라도 출신들은 우선 인류권에서 제
외해야겠다. 또한 동료권에서 제외해야겠고, 친구에서 제명해야겠기에 하
와이 말살론의 대두를 강력히 촉구한다.

-조영암, 『야화』

1959년 6월 10일 월간 잡지 『야화』가 호남 사람들의 성격을 비난하
는 기사를 실었다가 판매 금지를 당하였다.

강원도 출신의 시인 조영암은 『야화』 7월호에 전창근이라는 필명으
로 「하와이 근성根性 시비是非」라는 글을 썼다. 그 내용은 호남인들의 근
성을 형편없이 깎아 내리는 것이었다.

이에 대해 호남 출신의 시인 유엽이 『민족문화』 8월호에 「개땅쇠의
변을 쓴 동기와 그 전문」이라는 글을 통해 이를 반박하였다.

우리 전라도 놈들에게 대하는 서울 주민들과 타도 인종들의 태도란 도리어 전라도놈인 내가 몸서리날 정도다. 그것은 우리 전라도 놈들을 대할 때에는 그네들이야말로 한 자락 깔고 교제를 하고 있다. 그것은 그네들이 전라도관에 관한 선입주견이 그리되었기 때문이다.

-유엽, 『민족문화』

『야화』가 발매되자, 광주 시민 5만여 명이 규탄 결의 대회를 여는 등 사태가 매우 심각해졌다.

이에 잡지를 판매 금지하여 회수하고 발행인 · 편집인 · 필자는 명예 훼손 혐의로 구속되었다.

6월의
모든 역사

6월 11일

■
·
■

1455년 6월 11일

수양대군, 단종을 폐위하고 세조에 즉위하다

"나는 너희들을 강요하지 않겠다. 따르지 않을 자들은 가라. 대장부
가 이 세상에 태어나서 한 번 죽는다면 사직社稷에서 죽는 것이다.
나는 혼자서라도 가겠다. 계속 만류하는 자가 있다면 먼저 그부터
목을 베겠다."

－이긍익,『연려실기술』

조선의 건국 이후 세종 대까지는 공교롭게도 장자가 왕위를 계승하지 못하였다. 태종의 경우, '왕자의 난'으로 대변되는 혈육 간의 싸움을 두 번이나 거치면서 왕위를 쟁취하였는데, 그는 태조의 다섯째 아들이었다.

우여곡절을 겪은 끝에 왕위를 계승한 세종도 위로 양녕대군과 효령대군이라는 형들이 있었다. 이러다 보니 세종은 자기 이후로는 제대로 적장자로 이어지는 왕위 계승의 원칙을 확립하고자 하였다. 즉위한 지 3년 만에 맏아들 문종을 세자로 책봉하고, 한 발 더 나아가 문종의 맏아들 단종을 세손으로 책봉한 것도 그 때문이었다. 하지만 세종의 눈물겨운 노력도 결국 허사로 돌아가고 말았다.

세종에게는 18명의 아들이 있었는데 수양대군과 안평대군을 비롯하여 뛰어난 인물들이 많았다. 문종의 뒤를 이은 12세의 어린 단종에게 이들은 매우 위협적인 숙부였다. 이 때문에 문종은 죽기 전, 성삼문을 비롯한 집현전 학사들에게 단종의 앞날을 간곡히 부탁했었다.

단종이 즉위할 당시 궁중의 형편도 최악이었다. 원래 미성년의 국왕이 즉위하면 수렴청정을 하는 것이 보통인데, 이때에는 대왕대비도, 대비도 심지어 왕비조차도 없었던 것이다. 어찌 보면 단종은 망망대해에 놓인 돛단배 같은 처지였다.

단종은 총명하긴 했지만 직접 정무를 보기에는 너무 어렸으므로 대신 의정부에서 대사를 도맡아 처리하였다. 이른바 '황표정사黃票政事'는 그걸 잘 대변한다. 이것은 재상들이 인사 대상자의 이름에 황색 점을 찍어 올리면 단종이 그 위에 점을 더하는 식으로 인사를 결정하는 것이었다.

예나 지금이나 인사권은 권력의 핵심인데, 이것을 의정부의 김종서와 황보인이 장악한 것이었다. 이때의 상황을 사관 이승소는 다음과 같이 적었다.

임금은 손 하나 움직일 수 없는 꼭두각시로 전락되고, 백관은 왕명을 거들 떠보지도 않았으며, 의정부가 있는 것은 알겠으나 군주가 있는 것은 모른 지 오래되었다.

이렇듯 신하들의 권력이 왕권을 능가하고 거기에다 대군들의 정치 참여를 금지하자, 수양과 안평 두 대군의 불만은 하늘을 찔렀다. 흔히 수양이 할아버지 태종을 닮았다면 안평은 아버지 세종의 성격을 닮았다고 한다. 안평은 왕실의 힘을 회복해야겠다는 생각은 갖고 있었지만 극단적이지는 않았다.

그러나 수양은 달랐다. 그는 자신이 왕이 되는 마지막 카드까지도 테이블에 올려놓았다. 바로 이 무렵 권람의 소개로 칠삭둥이 한명회를 만나게 되는데, 이는 고기가 물을 만나고 유방이 장자방을 얻은 것과 같았다. 정변의 시나리오는 사실상 그의 머리에서 모두 기획되고 추진되었기 때문이다.

1453년 10월 10일, 호시탐탐 기회를 엿보던 수양대군은 마침내 칼을 뽑아 들었다. 그는 먼저 최고의 실권자인 김종서를 별다른 저항 없이 쉽게 처치하였다. 그런 다음 임금의 명패를 이용해 여러 대신들을 궁중으로 부르고 문마다 군사를 배치해 놓았다.

김종서와 황보인이 안평대군을 추대하여 역모를 꾀했다는 명분이었다. 경덕궁직으로 밑바닥 생활을 겪었던 한명회가 살생부를 쥐고 문 안쪽에 앉았다. 문을 들어서는 숱한 대신들의 목숨이 한명회의 손끝에서 결정 났다. 이 사건이 바로 '계유정란'이었다.

태종이 그랬듯이 수양대군 역시 권력을 잡자마자 곧바로 왕위에 오르지는 않았다. 정통성을 가진 단종을 함부로 몰아낼 수는 없었던 것이다. 수양은 쿠데타가 성공한 후 영의정과 이조 · 병조판서를 겸하여 모든 실권을 수중에 넣었다. 곤룡포를 입지 않고 용상에 앉지 않았을 뿐 사실상 왕이나 다름없었다. 그는 뒤탈을 염려하여 동생인 안평도 유배를 보냈다가 끝내 사약을 내렸다.

1455년 6월 11일, 정난공신들의 위협을 느낀 단종은 결국 수양에게 왕위를 넘겨주었다.

이로써 세조 시대가 개막되었으나 '사육신 사건' 등 그 후유증은 만만치 않았다.

* 1452년 5월 18일 '단종, 12세의 어린 나이에 즉위' 참조
* 1456년 6월 2일 '성삼문, 박팽년 등 단종 복위 계획을 꾀하다 발각되어 처형당하다' 참조

1565년 6월 11일

보우 스님, 제주목사 변협에게 장살

허응당 보우 대사가 유생과 정승들의 잇따른 상소로 제주도로 유배되었다가 제주목사 변협에게 살해당하였다. 1565년 6월 11일의 일이었다.

보우는 조선의 숭유억불 정책 속에서도 불교 중흥을 위해 노력하였다. 명종의 어머니 문정왕후는 신실한 불교 신자였는데, 보우 대사와

문정왕후의 만남으로 조선은 잠시 불교 르네상스 시대를 맞이할 수 있었다. 당시 유학자들은 그런 보우를 요승이라 비난하였으나 사명대사 유정은 천고에 둘도 없는 지인이라고 극찬을 아끼지 않았다.

보우는 어려서 부모를 잃고 15세에 금강산 마하연사에서 출가하였다. 이후 금강산 일대의 장안사, 표훈사 등지를 찾아다니며 6년 동안 불법에 정진하였으며 불경뿐만 아니라 주역 등의 학문도 두루 섭렵하였다. 1548년 함흥을 떠나 호남으로 만행을 떠나던 도중 풍병을 얻어 양주 회암사에서 요양하였다.

병석에서 일어난 후 문정왕후의 부름을 받아 봉은사 주지가 되었다. 당시 명종은 나이가 어려 문정왕후가 섭정하고 있었는데, 보우는 문정왕후의 적극적인 지원을 받아 불교 부흥에 나섰다.

1550년 연산군 때 폐지되었던 선·교 양종을 부활시켜 봉은사를 선종의 수사찰로, 봉선사를 교종의 수사찰로 삼았다. 1552년 승과고시를 다시 시행하였는데, 서산대사 휴정은 선과 제1회의 급제자이고, 사명대사 유정은 제4회 급제자였다. 그러나 보우의 불교 중흥 활동에 대해 조정대신들의 상소와 탄핵이 줄을 이었다.

결국 회암사 낙성식 이틀 후인 1565년 4월 7일 든든한 후원자였던 문정왕후가 세상을 떠나자 보우는 곧바로 제주도로 유배되고 말았다. 성리학을 지도 이념으로 하였던 조선왕조에 있어서 불교의 중흥을 위해 노력했던 보우는 세상의 물결을 거스르고 살았는지도 모른다.

그러나 조선 불교를 정화하고 중흥시켰던 보우가 있음으로 해서 훗날 서산대사 휴정이 존재했음을 부정하지는 못할 것이다.

1980년 6월 11일

음주측정기를 이용한 음주 운전 단속 실시

1970년 후반 들어 자가운전자가 늘어나면서 음주 운전으로 인한 사고가 급증하였다. 1979년에는 전국에서 음주 운전으로 인해 2,006건의 사고가 발생, 150명이 사망하고 1,711명의 부상자가 발생하였다. 이 사고 건수는 1978년에 비해 45.9%가 증가한 것이었다.

이에 대한 조치로 치안본부는 음주 운전으로 인한 사고를 방지하고자 미국에서 음주측정기 400대를 도입, 전국 일선 경찰에 나누어 주고 1980년 6월 11일부터 국내에 처음으로 음주측정기를 이용한 음주단속을 실시하였다.

이 음주측정기는 소형 휴대용 트랜지스터라디오 정도의 크기로, 상단에 붙어 있는 파이프에 운전자가 입김을 불어넣으면서 버튼을 누르면 알코올의 함량이 숫자로 표시되게 제작되었다.

이 측정기는 주로 교통경찰이 휴대, 지그재그 운전을 하는 운전자나 교통사고를 낸 운전자의 음주 여부 및 호흡 1l당 알코올 흡입량을 알아내는 데 쓰였다.

기준 이상을 마시고 운전하다가 적발되면 1년 이하의 징역과 30만 원 이하의 벌금 이외에 자동차 사용 정지 처분이 병과되도록 하였다.

그러나 음주측정기를 이용해 음주운전자를 적발하여도 개개인에 따라 알코올 반응도가 달랐기 때문에 처벌에 애를 먹었다.

그래서 그 한계를 극복하고자 선진국에서 사용하는 음주측정기보다는 운전자에게 직선 위를 걷게 하여 똑바로 걷는가의 여부로 판정하는 것을 병행하였다.

—
1908년 6월 11일

의병장 허위가 체포되다
—

1908년 6월 11일 조선 말기 의병장으로 임진강 유역에서 활약하던 13도창의군 군사장 허위가 체포되었다.

허위는 1897년 을미사변과 단발령에 반발하여 의병을 일으켰다가 자진 해산한 적이 있었다. 1907년 고종이 강제 퇴위되고 군대가 해산당하자 또다시 경기도 연천에서 의병을 모았다.

그는 13도창의군 군사장을 맡아 선발대를 이끌고 서울로 진격하여 동대문 밖 30리 지점까지 진격하는 성과를 올렸다.

그러나 후속부대가 늦어진 데다 13도창의군대장 이인영이 부친상을 이유로 귀향하자 서울 진격 작전은 실패할 수밖에 없었다.

결국 허위는 9월 28일 일본군에 의해 처형되었다.

* 1909년 6월 7일 '13도창의군 대장 이인영이 체포되다' 참조

6월의
모든 역사

6월 12일

1871년 6월 12일

대원군, 각지에 척화비를 세우다

洋夷侵犯 非戰則和 主和賣國, 戒我萬年子孫 丙寅作 辛未立

서양 오랑캐가 침범하니 싸우지 않으면 곧 화친하는 것이요, 화친
을 주장하는 것은 나라를 팔아먹는 것이다.

우리들 만대 자손에게 경고하노라. 병인년에 짓고 신미년에 세운
다.

-척화비

대원군 집권 시기에 조선이 일관되게 대외적으로 취하였던 정책은 '쇄국양이鎖國攘夷'였다. 곧 나라의 문을 걸어 잠그고 오랑캐는 배척한다는 것이었다. 이 정책을 고집하게 된 단서는 천주교 탄압이었다.

천주교는 18세기에 본격적으로 전래된 이후 사교邪敎로 낙인찍혀 몇 차례의 대大박해를 받았다. 그러나 철종 말기 탄압이 느슨해지자, 대원군이 집권할 무렵에는 신자가 2만여 명으로 불어나 있었다.

대원군은 처음에는 천주교에 호의적이었다. 그리하여 한때 영국과 프랑스의 세력을 빌어 러시아의 남하를 저지해 보려는 구상도 갖고 있었다. 이른바 오랜 전통을 갖고 있는 '이이제이以夷制夷' 전략이었다.

그러나 대원군의 구상은 가교 역할을 부탁 받은 베르누 주교가 정치 외교 문제에 개입하는 것을 꺼리면서 난관에 부딪혔다. 이에 대원군은 선교사들의 진의를 의심하게 되고 천주교에 대한 인식도 부정적으로 돌아섰다.

더구나 대부분의 관리들과 일반 국민들도 천주교를 잠재적인 적으로 간주하고 있었다. 순조 1년(1801) 10월에 일어난 황사영 백서 사건 때 천주교도들이 외세를 끌어들이려는 행동을 보였기 때문이다.

또 마침 청나라에서 천주교에 대한 탄압 소식이 전해지자 대원군도 여기에 강한 영향을 받았다. 결국 신유사옥과 기해사옥에 이어 다시 천주교에 살벌한 피바람이 몰아쳤다. 이것이 '병인사옥'이었다.

이 사건으로 프랑스 신부 9명과 남종삼 등 8,000여 명의 신도가 학살되었다. 이때 용케 화를 면한 프랑스 신부 리델이 청나라로 도망쳐 프랑스 극동함대사령관 로즈에게 조선의 천주교 탄압을 알리고 보복을 촉구하였다.

그렇잖아도 조선에 눈독을 들이고 있던 프랑스는 이를 빌미로 강화

도를 침략하였다. 양헌수의 지휘로 정족산성에서 이들을 격파하긴 했
으나 조선 측의 피해도 만만치 않았다. 2년 뒤에는 오페르트가 대원군
의 부친인 남연군의 묘를 파헤치는 사건이 일어나 서양 오랑캐에 대한
대원군과 국민들의 분노는 더욱 끓어올랐다.

　그런 가운데 1871년에는 신미양요가 터졌다. 이것은 1866년 미국상
선 제너럴셔먼호가 통상을 요구하다 평양 군민들에 의해 격침된 사건
에 그 뿌리가 있었다. 미국은 이 셔먼호 사건을 핑계로 조선의 문호를
열기 위해 아시아함대사령관 로저스가 지휘하는 원정함대를 강화도 수
역으로 출동시켰다.

　이 사실을 접한 정부는 즉각 어재연을 진무중군으로 삼아 현지로 파
견하고 서울의 각 군영으로부터 군대와 군량미, 병기들을 보충하였다.
조선군과 미군의 첫 전투는 손돌목에서 벌어졌다. 조선의 기습 공격으
로 미군은 일단 퇴각하여 조선에게 배상과 사죄를 요구하였다. 그러나
조선은 미국의 주권 침해와 영토 침략을 내세우며 미국의 요구를 거절
하였다.

　그러자 미국은 다시 대대적인 공격을 감행하여 초지진과 덕진진을
함락시키고 강화도 최후의 보루인 광성보에 접근하였다. 이곳엔 어재
연이 이끄는 600명의 군사가 지키고 있었는데, 이들은 결사적으로 미
군에 대항하였다.

　하지만 전력의 열세를 극복하지 못하고 어재연 이하 수백 명이 죽는
등 끝내 미군에게 패배하였다. 이로써 강화도는 미군의 손아귀에 들어
가고 초지진에는 조선 최초로 성조기가 펄럭거렸다. 이에 조선의 관민
들은 처음에는 긴장과 공포에 사로잡혔으나, 지구전을 쓰면 프랑스처
럼 미군도 퇴각할 것으로 생각하였다.

지구전을 위해서는 가장 중요한 것이 민심의 결속이었다. 그리하여 고종은 다음과 같이 선언하였다.

"양이가 화친을 하고자 함은 무엇 때문인지 모르겠으나 수천 년의 예의지 국이 어찌 개나 양과 서로 화친할 수 있겠는가. 이처럼 몇 년을 지낸다 해 도 끝까지 양보를 하지 않고 배척할 것이며, 만약 '화和'를 말하는 자가 있 다면 마땅히 매국의 법률로 다스리겠다."

대원군은 이것으로도 부족해 1871년 6월 12일 서울의 종로 네거리 를 비롯한 전국의 주요 지역에 '洋夷侵犯 非戰則和 主和賣國'(서양 오랑캐 가 침범하니 싸우지 않으면 곧 화친하는 것이요, 화친을 주장하는 것은 나라를 팔아먹는 것이다)"라는 내용의 척화비를 세우도록 하였다.

이처럼 조선이 강화도의 함락에도 불구하고 교섭은커녕 더욱 강경한 태도로 나오자 미국은 당황하였다. 사실 그들도 당시의 병력으로는 더 이상의 대규모 작전을 감행할 처지가 못 되었다.

그리하여 이들은 점거 한 달 만에 철수하고 말았다. 조선 측의 강한 항전 결의를 보였던 척화비는 임오군란으로 대원군이 청나라에 납 치되자 모두 철거되었다.

지금 우리가 접하는 척화비는 개천의 돌다 리나 하수구의 뚜껑, 혹은 땅 속에 묻혀 있다 발견된 것들이다.

척화비

* 1801년 10월 29일 '황사영 백서 사건 발생' 참조
* 1868년 5월 10일 '독일인 오페르트 일당이 남연군의 분묘를 도굴하다' 참조
* 1871년 6월 10일 '신미양요 일으킨 미 함대 초지진 상륙' 참조

1950년 6월 12일

한국은행 창립

1948년 정부 수립 직후, 근대적인 금융 제도를 확립하고 중립적인 통화 신용 정책을 수립 · 집행하기 위한 강력한 권한과 정치적 중립성이 보장되는 중앙은행 설립이 시급한 과제가 되었다.

일제 때에는 1909년 10월 구舊한국은행이 설립됐고, 1911년 8월 조선은행으로 개칭돼 8 · 15 광복 때까지 존속했었다. 그러나 1950년 5월「한국은행법」이 공포됨으로써 같은 해 6월 12일 한국은행이 창립되었다.

한국은행은 창립 13일 만에 한국전쟁을 맞이하였다. 그래서 일단 전쟁 기간 동안 전쟁 비용을 조달하고 전쟁으로 인한 인플레이션을 수습하는 데 역점을 두었다. 그리고 전쟁이 끝난 후에는 경제 재건을 위하여 금융 자금을 원활하게 지원하는 데 주력하였다.

이후 경제 각 분야를 대표하는 9명의 위원으로 구성된 금융통화운영위원회를 두어 통화신용에 관한 최고 정책 수립 기관으로서의 역할을 하기 시작하였다.

한편 서울 남대문로에 있는 한국은행 본관 건물은 전쟁으로 내부가 불타거나 파손됐다가 1956년 현재 상태로 복구되었다.

1983년 6월 12일

청소년 축구팀, 제4회 멕시코 대회에서 4강 진출

"궁극적인 것은 세계 제패다. 브라질이 두 발로 뛰면 우리는 세 발로 뛰겠다."

-박종환 축구 감독

1983년 멕시코에서 제4회 세계 청소년 축구 선수권 대회가 열렸다.

박종환 감독이 이끄는 우리나라 청소년 축구팀은 6월 3일 첫 경기에서 스코틀랜드에 0대 2로 졌다. 하지만 5일 멕시코를, 8일 호주를 모두 2대 1로 눌렀다. 그래서 스코틀랜드에 이어 조 2위로 준준결승에 올랐다.

단판 승부인 8강전에서는 이미 두 번이나 우승한 전력이 있는 전통의 강호 우루과이를 만났다. 후반 10분 신연호가 선취골을 뽑았으나 16분 뒤 동점골을 허용해 전후반 90분 경기가 끝났다. 하지만 연장 전반 14분에 다시 신연호가 결승골을 넣음으로써 4강에 진출하는 쾌거를 이룩하였다.

한껏 사기가 오른 우리나라는 4강전에서 브라질을 상대로 선취골을 넣는 명승부를 펼쳤지만 1대 2로 졌고, 폴란드와의 3, 4위전에서도 연장까지 가는 접전 끝에 역전패하였다.

그래서 청소년 대표팀은 환호와 탄식 끝에 세계 4강에서 기적을 멈췄다.

—

1925년 6월 12일

우리나라 두 번째 민간 비행사 장덕창, 모국 방문 비행

—

장덕창은 1925년 평안북도 의주에서 태어났다. 그는 1919년 양정고등보통학교를 졸업한 후에 일본으로 건너가 이토비행학교 조종과에 입학하여 항공기 조종술을 배웠다.

1921년 이토비행학교를 졸업하고 이듬해 일본항공국에서 실시한 비행사 면허시험에 합격하여 한국인으로서는 안창남에 이어 두 번째 비행사가 되었다.

그는 1925년 6월 12일 일본 현해탄을 건너 모국 방문 비행을 하였다. 이후 1945년 광복될 때까지 오사카의 일본항공수송연구소에 입사하여 민간항공기 조종사로 근무하였다.

그리고 귀국 후 항공부대 창설의 주축이 되었으며, 1948년 5월 조선경비대 보병학교를 졸업하면서 육군 소위가 되었다. 이어 육군항공기지 부대장을 거쳐 육군으로부터 독립된 공군의 기지사령관·비행단장을 역임하였다.

한국 전쟁 때는 공군 준장이 되어 비행단장으로 6,261회나 출격하여 1953년 태극무공훈장을 수여받았다.

이후 공군참모차장을 거쳐 1956년 공군참모총장을 지냈다.

* 1930년 4월 2일 '우리나라 최초의 비행사 안창남 사망' 참조

6월의
모든 역사

6월 13일

■
■
■

2000년 6월 13일

김대중 대통령, 김정일 국방위원장과
첫 남북 정상회담을 가지다

이렇게 많은 분들이 환영 나와 놀라고 감사합니다. 평생 북녘 땅을
밟지 못할 줄 알았는데 환영해 줘서 감개무량하고 감사합니다. 7천
만 민족의 대화를 위해 서울과 평양의 날씨도 화창합니다. 민족적
인 경사를 축하하는 것 같습니다. 성공을 예언하는 것 같습니다.

-김대중

2000년 6월 13일 오전 10시 30분, 평양 순안 공항에 도착한 김대중 대통령이 조선민주주의인민공화국 김정일 국방위원장과 상봉하였다.

그동안 남북 정상회담은 1980년대 들어 남북한 간의 실무적인 대화가 재개되는 가운데 몇 차례 제의되긴 하였으나 양측의 입장 차이로 실질적 진전은 없었다.

이후 탈냉전, 동구권의 변화, 한국과 소련 수교 등 국제 정세의 변화에 따라 남북한 대화가 진전되면서 1990년 북한의 김일성 주석이 신년사를 통해 남북 최고위급 회담을 제의하였고 남한도 남북 정상회담의 조속한 개최를 제의하였다.

이로써 분단 이후 처음으로 1990년 9월에 남북 총리를 단장으로 하는 남북 고위급회담이 개최되었다. 이 회담은 1992년 10월까지 8회에 걸쳐 서울과 평양을 오가며 개최되었다.

그 뒤 북한 핵문제가 세계적 관심사로 부각되면서 1994년 6월 위기 상황으로 돌입한 핵문제 타결을 중재하기 위해 북한을 방문한 지미 전 미국대통령을 통해 김일성 주석이 김영삼 대통령과의 정상회담을 제안하였다.

남한이 이 제의를 즉각 수락함으로써 곧바로 협의를 통해 역사적인 남북 정상회담의 구체적인 일정이 마련되었으나 그해 7월 김일성 주석의 갑작스런 죽음과 뒤따른 김영삼 정부의 조문 거부로 남북 정상회담은 무기한 연기되었다.

1998년 김대중 정부가 출범하고 북한에 대해 포용 정책을 추진하였으나 북한은 반북·반통일 정책이라며 비난하고 당국 간의 대화를 회피하는 태도를 보였다.

그러다가 2000년에 들어와 남한 측이 남북 정상회담의 뜻을 전달하

자 북한 측이 긍정적인 반응을 보였다. 이에 남북 특사 접촉에서 정상
회담 개최에 대한 합의가 이루어졌고, 4월 10일 서울과 평양에서 합의
문이 동시에 발표되었다.

남북한은 원래 김대중 대통령이 6월 12일부터 14일까지 평양을 방문
하기로 합의하였으나, 북한 측이 '기술적인 준비 관계'를 이유로 급박하
게 일정을 바꾸어 방문 일정은 6월 13일부터 15일까지로 조정되었다.

이로써 양 정상은 분단 이후 처음으로 6월 13일 평양의 순안 공항에
서 역사적인 만남을 가졌다. 그리고 체류 기간 동안 두 차례의 정상회
담을 진행하여 다음과 같은 '6·15 남북 공동선언'을 발표하였다.

1. 남과 북은 나라의 통일 문제를 그 주인인 우리 민족끼리 서로 힘을 합
   쳐 자주적으로 해결해 나가기로 하였다.
2. 남과 북은 나라의 통일을 위한 남측의 연합제 안과 북측의 낮은 단계의
   연방제 안이 서로 공통성이 있다고 인정하고 앞으로 이 방향에서 통일
   을 지향시켜 나가기로 하였다.
3. 남과 북은 올해 8·15에 즈음하여 흩어진 가족, 친척 방문단을 교환하
   며 비전향 장기수 문제를 해결하는 등 인도적 문제를 조속히 풀어 나가
   기로 하였다.
4. 남과 북은 경제협력을 통하여 민족경제를 균형적으로 발전시키고 사
   회·문화·체육·보건·환경 등 제반 분야의 협력과 교류를 활성화하
   여 서로의 신뢰를 다져 나가기로 하였다.
5. 남과 북은 이상과 같은 합의 사항을 조속히 실천에 옮기기 위하여 빠른
   시일 안에 당국 사이의 대화를 개최하기로 하였다.

-6·15 남북 공동선언

이 공동선언 이후 남북 간에는 장관급 회담을 비롯한 다양한 분야에서 회담이 활발하게 개최되었다.

그리고 2007년 10월 2일부터 4일까지는 평양에서 노무현 대통령과 김정일 위원장 간에 제2차 남북 정상회담이 개최되었다.

* 2000년 3월 9일 '김대중 대통령, 베를린 선언을 발표하다' 참조
* 2007년 10월 2일 '제2차 남북 정상회담 개최' 참조

2002년 6월 13일

여중생 2명, 미 장갑차에 치여 사망하다

제17회 한일 월드컵 축구 대회가 한창이던 2002년 6월 13일 오전 10시 45분쯤이었다. 경기도 양주군 광적면 56번 지방도로에서 친구 생일을 축하하러 가기 위해 갓길을 걷고 있던 이 마을 여자 중학생 신효순, 심미선 양 2명이 미 보병 2사단의 대대 전투력 훈련을 위해 이동 중이던 부교 운반용 장갑차에 깔려 그 자리에서 숨지는 참변이 발생하였다.

미군 당국은 미 8군 사령관을 통해 유감의 뜻을 전하였다. 그리고 다음날인 6월 14일에는 미 보병 2사단 참모장 등이 분향소를 직접 방문해 문상하고, 피해 유가족에게 각각 위로금 100만 원씩을 전달하는 등 사고 수습에 나섰다. 미군 측은 15일 장례식을 치르면 사단장과 면담할 수 있도록 하겠다고 약속하였다. 하지만 장례식을 마친 후 미군 측은 번역상의 실수를 구실로 면담 약속을 파기하였다.

그리고 미군 측은 6월 19일 사고조사 결과를 다음과 같이 발표하였

다.

"선임 탑승자가 피해 여중생들을 30m 전방에서 발견, 운전병에게 경고하
려고 했지만 소음이 심해 제때에 경고할 수 없어 발생한 고의성 없는 사고
이다."

미군은 적법한 작전 수행 과정에서 일어난 사고이기 때문에 미군 측
의 과실 책임은 없다고 주장한 것이었다.

하지만 사고가 난 도로는 인도도 따로 없는 편도 1차선의 좁은 도로
로, 주민들은 평소 갓길을 인도삼아 통행해 왔다. 유족들은 당시 사고 차
량의 너비가 도로 폭보다 넓은 데다 마주 오던 차량과 무리하게 교행을
시도했다는 점에서 사고는 이미 예견된 살인 행위였다고 주장하였다.

경찰 조사 결과에서도 운전병이 선행하던 중대장과 무전교신을 하고
있어 선임 탑승자의 경고를 못 들었던 사실이 뒤늦게 밝혀졌다. 또한
탑승자들의 헬멧에 장착된 무전교신기가 동시에 두 곳과는 교신이 불
가능, 유사한 사고의 발생 위험성이 높다는 점도 드러나게 되었다.

법무부는 미군 당국을 상대로 장갑차 탑승 군인에 대한 1차 재판권
포기를 요청했으나 받아들여지지 않았다.

결국 11월 20일 관제병 페르난도 니노 병장이 무죄 평결을 받은 데
이어 20일에는 운전병 마크 워커 병장도 무죄 평결을 받아 파문이 확
산되었다.

그러던 중 두 여자 중학생을 추모하는 뜻으로 촛불시위를 하자는 제
안이 네티즌들 사이에 확산돼 마침내 같은 해 11월 초 서울 광화문 앞
에서 처음으로 대규모 촛불 시위가 열렸다.

미국이 사고의 직접 책임자에 대해 일방적으로 무죄 판결을 내리면서 촛불 시위는 전국적인 반미 시위로까지 번졌다.

파문이 점차 확산되자 부시 미국 대통령은 토머스 하버드 주한 미국 대사를 통해 사과를 표명하기도 했으나 반미 감정은 좀처럼 가라앉지 않았다.

12월 13일에는 부시 대통령이 김대중 대통령에게 전화로 직접 사과하며 진화에 나섰다. 또한 양 정상은 불평등하다는 비판을 받아온 주한 미군지위협정SOFA을 개선하기로 합의하였다. 하지만 이후에 이것은 조문 해석에 관한 부분을 논의하는 데 그쳤다.

한편, 유족들은 국가를 상대로 손해배상을 청구해 그해 9월, 각각 1억 9,000여 만 원 상당의 배상금을 수령하였다. 그리고 사고 후 1년이 지난 2003년 6월 13일에는 촛불 집회가 열렸던 자리에 신효순, 심미선 양을 위한 추모비가 건립되었다.

1890년 6월 13일

양화진에 외국인 묘지 허가

1890년 6월 13일 조선 정부는 한강변에서 가까운 양화진에 외국인 묘지 설립을 허가하였다.

의료선교사 헤론이 처음 묻힌 이후 양화진은 베델, 언더우드, 아펜젤러, 헐버트 등 한국인을 위해 헌신했던 사람들의 안식처가 되었다.

헤론은 1885년 의료선교사로 파견돼 불철주야 한국인을 위해 의료사업을 펼쳐온 사람이었다. 그가 1890년 전염성 이질에 걸려 숨지자

외국인들은 한강변에 가까운 양화진을 공동묘지로 불하해 줄 것을 요
청하였고, 이에 정부의 허가를 받았다.

그전까지는 외국인의 성내 매장을 엄격히 금지하였기 때문에 외국인
이 숨지면 주로 제물포항 언덕에 묻혔다.

양화진 묘지에는 감동적인 문구의 묘비들도 많다. 베델의 묘비에는
'내가 조선을 위해 싸우는 건 소명'이라 적혀 있고, 헐버트의 묘에는
'나는 웨스트민스터 사원에 묻히기보다 조선 땅에 묻히기를 원한다'고
적혀 있어 감동을 자아낸다.

2012년 현재 이곳에는 4,000여 평의 공간에 500여 명이 묻혀 있다.

6월의
모든 역사

6월 14일

■
·
■

918년 6월 14일

태봉 왕 궁예가 돌에 맞아 죽다

궁예는 스스로 미륵불이라 부르며, 머리에 금빛 고깔을 쓰고, 몸에 방포를 입었다. 맏아들을 청광보살이라 하고, 막내아들을 신광보살이라 하였다. 외출할 때는 항상 백마를 탔는데, 채색 비단으로 말갈기와 꼬리를 장식하고, 동남동녀들을 시켜 일산과 향과 꽃을 받쳐 들고 앞을 인도하게 하였다. 또 비구 200여 명을 시켜 범패를 부르면서 뒤따르게 하였다.

-『삼국사기』

9세기 후반에 들어서면서 신라의 바탕이 흔들리기 시작하였다. 거듭되는 흉년과 농민들에 대한 과도한 착취, 그리고 전염병의 만연으로 농촌은 급속도로 몰락해 갔다. 이에 농민들은 정든 고향을 떠나 도적의 무리가 되거나 호족의 부하로 들어갔다.

이때 원종과 애노가 상주에서 농민 봉기의 첫 횃불을 쳐들었다. 정부군의 무기력함이 드러나자 반란은 전국 각지로 도미노처럼 번져 나갔다. 죽주의 기훤, 북원의 양길, 완산의 견훤, 철원의 궁예 등이 그 대표적 두목들이었다. 이제 신라는 경주를 중심으로 한 하나의 지방 정권으로 전락해 버렸다.

이러한 군웅할거는 궁예와 견훤의 양대 세력으로 정리되어 결국 신라와 신종 삼국시대를 여니 후삼국시대가 바로 그것이다. 이 중 궁예는 성이 김씨로 헌안왕과 궁녀 사이에 태어난 아들이라고 한다. 그렇다면 그는 왜 궁궐을 떠나야 했을까.

『삼국사기』를 보면 궁예는 5월 5일 외갓집에서 태어났는데, 그때 지붕 위에서 긴 무지개와 같은 흰 빛이 하늘에 닿았다. 이에 일관이 왕에게 다음과 같이 고하였다.

"이 아이가 5월 5일에 태어났고, 나면서부터 이가 있으며, 또 광채가 이상하였으니 장차 국가에 이롭지 못할 것입니다. 그러니 기르지 마시옵소서."

이에 왕이 보낸 사자使者가 아기를 난간 아래로 던졌는데, 유모가 몰래 받다가 실수로 눈을 찔렀다. 이 바람에 궁예는 애꾸가 되긴 했지만 목숨은 건질 수 있었다.

이후 도피 생활을 하던 궁예는 10세가 되자 유모로부터 자신의 출생에 관한 비밀을 듣게 되었다. 이때부터 궁예의 마음에는 신라 왕실에 대한 적개심으로 가득 찼다. 궁예는 울면서 그 길로 영월에 있는 세달 사로 떠나 중이 되었다.

장년이 된 궁예는 승려의 계율에 구애받지 않았으며 늘 기상이 넘치고 담력이 풍부하였다. 어느 날 까마귀가 그의 바리때 속에 무엇인가를 떨어뜨렸는데, 주워 보니 왕王 자가 새겨진 상아 가지였다. 이를 누구에게도 말하지 않고 지니면서 마음속으로 은근히 자부심을 가졌다.

나라가 점차 혼란스러워져 백성들이 사방으로 흩어지자, 궁예는 이 것을 기회로 무리를 모으면 뜻을 이룰 수 있다고 생각하였다. 그래서 절을 나와 죽주의 기훤을 찾아갔으나 그는 궁예를 깔보았다.

기회를 엿보던 궁예는 기훤의 부하인 원회 등과 함께 북원의 양길에게 의탁하였다. 양길의 전폭적인 신임을 받은 궁예는 공격하는 곳마다 항복을 받아내 명주에 들어갔을 때에는 3,500명의 병력을 확보하였다. 그는 여기서 장군으로 추대를 받아 양길의 품을 벗어나 홀로서기에 성공하였다.

궁예가 그 기세를 몰아 인제, 화천, 철원 등지를 손아귀에 넣자 패서 지역의 무리들이 앞다퉈 항복해 왔다. 송악의 실력자이던 왕건 가문도 이때 궁예에게 투항하였다. 철원을 기반으로 삼아 주위로 세력을 확장하던 궁예는 송악으로 도읍을 옮기고 901년에는 스스로 왕이라 칭하였다.

그 뒤 그는 국호를 후고구려에서 마진으로 바꾸고 다시 철원으로 천도하였다. 이에 대해 송악과 평산 일대의 호족들은 불만이 컸으나 속으로만 삭힐 뿐이었다. 911년 궁예는 다시 국호를 태봉으로 고쳤다.

세력이 점점 커지자 궁예는 왕권을 절대화하려는 욕심에 빠졌다. 그는 스스로를 미륵불이라 자부하고 두 아들을 청광보살과 신광보살이라 불렀다. 또 자신이 관심법을 터득해 부인들의 음란한 행동을 알아낼 수 있다고 큰소리쳤다.

그러나 시간이 흐를수록 궁예는 포악한 성격을 드러냈다. 관심법觀心法으로 무고한 신하들을 반역죄로 몰아 죽이고, 이를 간하던 부인까지도 간통을 했다며 살해하였다. 그것도 모자라 두 아들까지 자기의 자식이 아니라며 죽였다. 사태가 이에 이르자 신숭겸과 배현경 등은 궁예의 부장으로 덕망이 높았던 왕건을 새로이 왕으로 추대하였다.

궁예는 이 소식을 듣고 놀라 어찌할 바를 모르다가 사복 차림으로 북문을 빠져나가 도망하였다. 그는 산골짜기로 숨어 다니면서 허기가 질 땐 몰래 보리 이삭을 잘라 먹으며 목숨을 연명하였다. 그러나 얼마 지나지 않아 부양(평강)의 백성들에게 발견되어 맞아 죽었다. 918년 6월 14일의 일이었다.

그는 씨를 뿌리고 싹을 틔우는 데는 성공했지만 결국 통일의 열매는 왕건에게 넘기고 말았다. 산정호수 부근에 있는 명성산은 울음산으로도 불리는데, 그 이름은 궁예와 그의 부하들이 이곳에 쫓겨 와 크게 울었다는 전설에서 유래했다고 한다.

* 918년 6월 15일 '왕건이 고려를 건국하다' 참조

1946년 6월 14일

김규식 · 여운형, 좌우 합작 회담 시작

1. 모스크바 3상 결정에 의한 남북 통일의 임시정부를 속히 수립하기 위하여 노력할 것
2. 미 · 소 공위의 재개를 적극 추진시킬 것
3. 토지는 무상록을 유상으로 몰수하여 농민에게 무상으로 분여할 것
4. 친일파, 민족 반역자를 처단하되 합작 위원회에서 이 안을 작성하여 입법기관에 회부, 검토 시 시행할 것
5. 남북을 통하여 피검된 애국 정치가의 석방을 기하는 동시에 일체의 테러를 근멸할 것
6. 입법기관의 설치 및 운영 방법을 좌우합작위원회에서 작성할 것
7. 언론, 출판, 집회, 결사의 자유를 보장할 것

-좌우 합작 7원칙

1946년 제1차 미 · 소 공동위원회가 결렬되자, 김규식 · 여운형은 6월 14일 안재홍 · 원세훈 · 이강국 등과 함께 좌우 합작 회담을 시작하였다.

그 결실로 7월 25일 좌우합작위원회를 출범시켰고, 이 위원회를 통해 좌우익이 제시한 합작 조건들을 심의하였다.

그 결과, 모스크바 3상 회의의 결정에 따른 좌우 합작의 민주주의 임시정부 수립 등을 내용으로 하는 '좌우 합작 7원칙'을 발표하였다.

그리고 1946년 12월 12일에는 여론과 미 군정 등의 옹호를 받아 좌

우합작위원회와 한국민주당계가 주축이 된 남조선 과도입법의원이 구성되었다. 1947년 2월 5일에는 남조선 과도정부가 설립되어 중도적인 입장에서 현안 문제들을 처리하였다.

그러나 좌우 합작 운동의 핵심 인물인 여운형이 1947년 7월 19일 암살되자 정세가 단독정부를 수립하는 쪽으로 기울었다. 국제 정세 또한 냉전이 심화되어감에 따라 좌우합작위원회는 1947년 12월 6일 해체되고 말았다.

* 1947년 7월 19일 '여운형 암살' 참조

1961년 6월 14일

「부정축재처리법」 공포

1961년 6월 14일 부정축재에 대해 행정상, 형사상 특별처리를 목적으로 한 「부정축재처리법」이 국가재건최고회의의 의결을 거쳐 법률 제623호로 공포되었다.

이 법은 1953년 7월 1일 이후부터 1961년 5월 15일까지의 부정행위를 규제 대상으로 하였다. 국가공직 또는 정당의 지위나 권력을 이용하거나 거짓이나 부정한 방법으로 재산을 축적한 부정축재자를 부정공무원不正公務員, 부정이득자不正利得者, 학원부정축재자學園不正蓄財者로 구분하였다.

주요 내용으로는 부정축재자의 정의를 정하고, 부정축재자를 처리하기 위하여 국가재건최고회의에 부정축재처리위원회를 두고, 부정축재

자의 구체적인 처리 및 부정축재대상자의 거주 제한 등의 규정을 두었
다.

또한 「부정축재처리법」의 효율적인 운용을 위해 1961년 10월 26일
「부정축재환수절차법」을 제정하였다.

1993년 6월 14일

영화 촬영 중이던 헬기 추락으로 7명 사망

1993년 6월 14일 서울 한강시민공원 유람선 선착장 부근 한강에서
영화촬영 중이던 헬리콥터가 추락하였다. 이 사고로 탑승자 8명 중 7명
이 숨지고 단 1명만이 구조되었다.

영화 「남자 위에 여자」의 제작팀과 방송 연예 프로그램 중계팀이 헬
리콥터에서 근접 촬영을 위해 고도를 낮추다가 불시착하여 한강에 추
락한 것이었다.

사고가 나자 선착장에 있던 사람들은 구조를 위해 계류 중이던 4대
의 모터보트 시동을 걸었으나, 1대를 제외하곤 모두 작동이 되지 않아
구조 활동이 지연되었다.

이 사고는 필수 탑승 요원인 부기장이 탑승하지 않았고, 정원 이상의
인원이 헬기에 탑승하여 발생한 것으로 밝혀졌다.

한편 구조 당시 생존하였던 배우 변영훈은 병원에서 치료 중 6월 28
일 숨졌다.

6월의
모든 역사

6월 15일

■
■
■

918년 6월 15일

왕건이 고려를 건국하다

왕건은 본래 송악의 호족이었는데 궁예가 세력을 떨치자 그 밑으로 들어갔다. 궁예 밑에서 왕건은 단연 돋보이는 활약을 펼쳤다. 그는 나주를 정복하여 후백제를 뒤에서 견제하고 또 그곳을 자신의 또 다른 근거지로 삼았다.

궁예가 날로 포악해지자, 자신의 목숨도 잃을 수 있다는 판단에 왕건은 자주 바깥으로 나갔다. 궁예의 관심법에 자칫 말려들 뻔했지만 최응의 도움으로 위기를 넘기기도 했다. 그 후 궁예의 횡포에 반발한 홍유 · 배현경 · 신숭겸 · 복지겸 등에 의해 새 왕으로 추대되어 고려를 열었다.

왕건의 가문은 송악에서 상당한 기간 동안 호족으로 행세하였다. 왕건의 조상들에 대해서는 김관의가 쓴 『편년통록編年通錄』에 그 정보가 실려 있다.

거기에 보면 성골장군이라 불린 5대조 호경이 북쪽으로부터 내려와 송악에 처음 터를 잡고 있다. 왕건의 선조 중에서 가장 주목되는 인물은 조부인 작제건이다. 그는 자신이 직접 배를 타고 해외무역을 벌이면서 막대한 부를 축적해 그를 바탕으로 송악 지방을 수중에 넣었다. 작제건의 아들이 용건, 그러니까 왕건의 아버지인 왕륭이다. 그는 사찬의 신분으로 작제건에 이어 송악을 지배하였다.

양길의 휘하에 있던 궁예가 그 세력을 키워 독립하고, 이어서 철원 지역까지 진출하자 왕륭은 큰 위협을 느꼈다. 자칫 자신의 독자적인 지위마저 잃을까 우려한 왕륭은 896년 송악군을 들어 궁예에게 귀순하였다. 궁예는 크게 기뻐하며 왕륭을 금성태수로 삼았다.

왕륭은 궁예에게 만일 조선 · 숙신 · 변한 땅의 왕이 되고 싶다면 먼저 송악에 성을 쌓고 자신의 아들 왕건을 성주로 삼을 것을 권유하였다. 궁예가 그 말을 쫓아 왕건을 시켜 발어참성을 쌓게 하고 이어 성주로 임명하였다. 898년에는 아예 철원에서 송악으로 도읍을 옮겼다.

왕륭이 궁예에게 귀순한 것은 왕건의 인생에 중대한 분수령이 되었다. 궁예 밑에서 왕건의 활약은 단연 돋보였다. 그는 양주를 비롯해 광주 · 충주 · 청주 및 남양과 괴산 등을 모두 함락시켜 남한강 일대를 평정하였다.

903년에는 수군을 이끌고 서해로 나아가 후백제의 배후인 나주를 정복하였다. 나주의 점령은 후백제의 목덜미를 잡아 북으로는 태봉, 동으로는 신라에 대한 공격을 억제하고, 중국이나 일본과의 외교를 방해하는 여러 가지 효과가 있었다.

그러나 어느 때부터인지 궁예는 날로 교만해지고, 포악해졌다. 그는 신라를 정복할 뜻을 품고 그곳을 멸도滅都라 부르게 했으며 신라로부터 항복해 오는 사람들을 모두 죽였다. 왕건은 분위기상 철원을 벗어나는 것이 좋다는 판단에서 다시 밖으로 나가길 원하였다.

마침 나주에 문제가 생기자 왕건이 그곳에 파견되었다. 왕건은 정성껏 병사들을 위무하여 진도를 함락시키고, 이어서 견훤이 친히 거느린 군사를 덕진포에서 크게 격파하였다. 이후로 나주는 왕건에게 송악에 못지않은 중요한 근거지가 되었다. 이처럼 왕건이 싸움마다 승리하자 궁예는 그를 불러 수상인 시중侍中에 발탁하였다.

비록 왕건이 백관의 우두머리가 되었지만 그는 이 사실이 그리 달갑지 않았다. 주변에 그를 시기하여 헐뜯는 무리가 많아지는 것이 두려워서였다. 궁예는 변덕이 심하고 성격이 포악해 언젠가는 그 파편이 자신에게 튈 것으로 판단한 것이다. 그리하여 왕건은 화를 피하고자 또 다시 외방으로 나가게 해달라고 요청하였다.

궁예는 왕건의 간청대로 병사 2,000명을 이끌고 나주에 가도록 하였다. 나주에 출동한 왕건을 보자 후백제 군사와 해상의 도둑 들은 겁을 먹고 감히 고개도 내밀지 못하였다. 왕건이 성공리에 작전을 마치고 돌아오자 궁예는 "나의 여러 장수들 중에 누가 왕건과 겨룰 만하겠는가?" 하고 칭찬을 아끼지 않았다.

궁예는 평소 자신이 사람의 마음을 읽는 관심법을 터득했다고 떠들곤 하였다. 그는 말년에 독재를 펼치면서 의심도 많아져 관심법으로 무고한 신하들을 종종 반역죄로 몰았다. 왕건에게도 예외가 아니었다.

하루는 궁예가 왕건을 급히 불러 궁궐에 들어가니 "경은 어젯밤 무엇 때문에 무리를 모아 역모를 꾀했는가?" 하고 추궁하였다. 왕건은 태연히 웃으면서 "어찌 그런 일이 있겠습니까?" 하고 부인하였다.

궁예가 "나를 속이지 말라. 나는 관심법으로 능히 그것을 안다." 하고는 눈을 감고 뒷짐을 지더니 한참 동안 하늘을 우러렀다. 그때에 최응이 옆에 있다가 떨어진 붓을 줍는 척 태조 곁에 다가와서는 "왕의 말대로 하지 않으면 위태롭다."고 속삭였다.

왕건이 곧 깨닫고 "사실은 신이 반역을 꾀하였으니 죽여 주십시오." 하였다. 이에 궁예가 왕건을 정직하다고 칭찬하며 다시는 자기를 속이지 말라 하였다.

궁예의 포악함이 극에 달하자 부인 강씨가 이를 간하였는데, 궁예는 그녀에게 간통죄를 씌워 살해하였다. 심지어 두 아들까지도 자기의 자식이 아니라며 죽였다. 사태가 여기에 이르자 민심은 모두 궁예를 떠나갔다.

마침내 918년 6월 15일, 홍유 · 배현경 · 신숭겸 · 복지겸 등이 왕건을 새 왕으로 추대하였다. 왕건은 왕위에 오르자 고구려의 뒤를 잇는다는 의미에서 국호를 '고려'라고 하였다.

왕건이 세상을 떠나고 나서 약 40년 뒤, 최승로가 성종에게 '시무 28조'를 올리며 그 서두에 태조부터 경종에 이르는 다섯 임금의 평가를 적었는데, 거기서 왕건에 대해 이렇게 평가하였다.

어진 사람을 좋아하고 착한 일하기를 좋아했다. 자기 생각을 미루고 남의 생각을 존중하며, 공손하고 검소하며 예의를 지켰다. 모두 천성에서 우러난 것이었다. 민간에서 자라 어렵고 험한 일을 두루 겪었기에 사람들의 참모습과 거짓 모습을 모두 알아보았고, 일의 성패도 내다보았다. …… 재주 있는 사람을 버리지 않았고, 아랫사람이 가진 힘을 모두 쏟을 수 있게 도 왔으며, 어진 사람을 취할 때와 간사한 사람을 쫓을 때에 주저함이 없었다.

-최승로, 시무 28조

* 877년 1월 14일 '태조 왕건이 태어나다' 참조
* 918년 6월 14일 '태봉 왕 궁예가 돌에 맞아 죽다' 참조

—

1999년 6월 15일

제1차 서해교전 발생

—

1999년 6월 15일 서해 인천 연평도 앞바다에서 북한 경비정의 북방 한계선NLL 침범으로 양측 해군 함정 사이에 함포사격을 동원한 교전이 발생하였다. 북한 경비정의 북방한계선 영해 침범 9일째가 되던 날이 었다.

이날 오전 7시 55분경, 420t 규모의 대청급 북한 경비정 2척이 어뢰 정 3척의 호위를 받으며 남한 영해로 넘어오자, 남한 해군은 고속정 10 척과 1200t급 초계함 2척, 구조함 1척 등을 긴급 출동하여 선체를 충돌 시키며 저지하였다.

이에 북 경비정에 있던 북한군 10여 명이 갑판 위에 올라와 남한 해 군에게 소총 사격을 가해 선제공격을 시작하였으며, 25mm 기관포를 고속정에 발사하였다.

그러나 남한 초계함에서 76mm 함포 포탄 한 발을 발사하여 북한 어 뢰정을 명중시킴으로써 40t 규모의 신흥급 북한 어뢰정 1척이 불기둥

에 휩싸이면서 바닷속으로 가라앉아 완전히 침몰하였다.

또한 나머지 북한 경비정과 어뢰정도 남한 해군이 발사한 40mm 기관포에 의해 선체가 크게 파손되었다.

이 교전으로 남한 해군 9명이 부상하고 북한 해군은 수십 명이 사망하거나 부상하였다.

북한은 북방한계선 무력화를 통해 남북 공동 어로 작업 등을 얻어내려고 하였고, 나아가 현행 정전 체제의 문제점을 부각시켜 미국 측과의 평화협상을 체결하려는 목표를 달성하고자 하였다.

그 뒤 2002년 6월 29일에는 제2차 서해교전이 발생하였다.

* 2002년 6월 29일 '제2차 서해교전 발생' 참조

—

1861년 6월 15일

우리나라 두 번째 사제 최양업 신부 순직

—

1861년 6월 15일 김대건에 이어 우리나라에서 두 번째로 사제 서품을 받은 최양업 신부가 문경에서 순직하여 제천의 배론 성지에 묻혔다.

최 신부는 '땀의 증거자'로 불릴 정도로 오지를 마다하지 않고 발로 뛰면서 전교傳敎에 힘쓴 인물이다. 전국 5개 도에 흩어져 있던 127개의 교우촌(공소)을 순회하며 12년 동안 지칠 줄 모르는 전교 활동을 폈다. 극심한 핍박을 피해 신자들을 찾아다니던 최 신부는 결국 이날 식중독과 과로로 인한 장티푸스에 걸려 순직하였다.

최양업 신부는 충청도 홍주 다락의 천주교 집안에서 태어났다. 1836

년 김대건 · 최방제와 함께 파리외방전교회의 모방 신부에 의해 신학생으로 선발돼 중국으로 건너갔다.

마카오와 몽골에서 신학을 공부한 최양업은 1849년 4월 15일 상해에서 사제 서품을 받았다. 함께 떠났던 김대건보다 4년 늦게 사제 서품을 받은 것이었다.

그러나 김대건이 짧고 치열하게 활동한 후 순교했기 때문에 최양업은 유일한 한국인 사제였다. 조선으로 돌아온 최양업은 극심한 핍박을 피해 산간벽지에 숨은 신자들을 일일이 찾아다니며 전교 활동을 펼쳤다. 그 이외에도 19통의 라틴어 편지를 비롯해 순교자에 관한 자료 수집, 성교요리문답聖敎要理問答 및 기도서 등을 번역하였으며 천주가사를 저술하기도 하였다.

이 같은 자료들은 천주교가 한국에 뿌리내리는 데 결정적인 역할을 하였으므로 한국천주교회사 연구에 중요한 자료가 되고 있다. 발과 펜으로 12년을 성실하게 하느님의 말씀을 전했던 최양업은 우리나라 두 번째 사제로서의 소임을 훌륭하게 담당한 것이다.

그래서인지 가톨릭에서는 쉼 없는 전교 활동을 편 최양업 신부를 '땀의 증거자'로 부른다.

* 1849년 4월 15일 '최양업, 조선인으로 두 번째 신부 사제 서품을 받다' 참조

1960년 6월 15일

제2공화국 출범

1960년 6월 15일 국회 본회의에서 내각책임제를 주요 내용으로 한 제3차 헌법 개정안이 통과하였다. 이로써 우리나라 최초로 의원내각제가 실시되었으며, 대통령은 의례적이고 상징적인 국가원수가 되고 정치적 실권은 국무총리가 갖게 되었다.

제3차 개헌안은 민의원과 참의원으로 구성되는 양원제를 채택하였고 국민의 기본권 강화, 대법원장 및 대법관 선출, 경찰의 중립, 헌법재판소 설치 등을 골자로 하는 내용을 담고 있었다. 허정 과도내각 수반은 이날 바로 개정헌법을 공포하였다.

1960년 3월 15일에 실시된 정·부통령 선거는 이승만의 장기 집권을 위한 철저한 부정선거로 전 국민의 분노는 극에 달하였다. 이에 전국의 학생들이 부정선거에 항의하며 시위에 나섰는데, 정부는 시위대를 진압하는 과정에서 발포 명령을 내림으로써 사태가 악화되었다.

시위가 확대되어 이승만 정권은 무너지고 허정을 내각 수반으로 하는 과도정부가 구성되었다. 국회는 개헌 작업에 들어가 1960년 6월 15일 의원내각제로 권력 구조를 변경한 제3차 헌법 개정안을 완성한 것이었다.

6월 23일 새 선거법이 제정되고 8월 12일 민의원·참의원 합동회의에서 윤보선 대통령과 장면 국무총리가 선출됨으로써 내각이 구성되었다.

제2공화국은 이듬해인 1961년 5월 16일 발생한 5·16 군사 쿠데타로 해산되었다.

* 1960년 3월 15일 '3 · 15 부정 선거가 일어나다' 참조
* 1961년 5월 16일 '5 · 16 군사 쿠데타가 일어나다' 참조

—

1950년 6월 15일

여간첩 김수임 사형 선고

—

1950년 6월 15일 주한 미 수사기관의 고위직 고문과 함께 살면서 군사기밀을 빼내 공산당에게 제공한 혐의를 받고 있던 여간첩 김수임이 육군본부 고등군법회의에 회부되어 사형 언도를 받았다.

김수임은 1911년 경기도 개성에서 가난한 농부의 딸로 태어났다. 그녀는 11세 때 시집갔다가 2년이 못 되어 서울로 도망쳤다. 김수임은 미국인 선교사의 도움으로 이화여자전문 영문과를 졸업하고 뛰어난 영어 회화 실력을 발휘해 세브란스 병원의 통역으로 근무하였다.

그 후 김수임은 경성제대 법과와 베를린 대학교 유학생 출신인 남로당원 이강국을 만나 연인 관계가 되었다.

그녀는 이강국의 지시로 주한 미군 수사기관의 고위직 고문이었던 존 베어드와 위장 결혼을 한 후, 미군에 관한 1급 정보를 빼내 이강국에게 제공하였다가 국내 수사기관의 정보망에 걸려들었다.

김수임은 사형을 언도받고 한국전쟁 직전 총살당하였다.

'한국판 마타하리'로 불리며 소설과 영화로 만들어지기도 했던 김수임 사건은 2008년 AP통신에 의해 사건의 조작 가능성이 제기되기도 하였다.

6월의
모든 역사

6월 16일

■
.
.
■

1232년 6월 16일

고려, 몽골의 침입으로 강화로 천도하다

칭기즈 칸의 등장으로 대제국을 건설한 몽골은 거란족의 토벌을 계기로 고려와 형제 관계를 맺고 매년 공물을 요구하였다. 그런데 고려에 사신으로 왔던 저고여가 몽골로 돌아가다 압록강 부근에서 살해당하는 일이 일어났다. 몽골은 이를 빌미로 고려와 국교를 단절하더니 살리타를 앞세워 대대적으로 고려를 공격해 왔다. 이에 고려는 몽골과 강화를 맺게 되는데, 서북면 40개 성에 다루가치가 배치되는 굴욕적인 조건이었다. 전쟁 후 몽골의 압력이 더욱 강해지자 최우는 몽골과의 전면전을 위해 강화로 천도하였다.

몽골 고원에 혜성처럼 나타난 테무친은 분열된 몽골 부족을 통일하고 쿠릴타이에서 칭기즈 칸으로 추대되었다. 칭기즈 칸은 '황제 중의 황제'라는 뜻인데, 유럽에서 아시아에 걸치는 그의 대제국을 떠올린다면 너무도 걸맞은 이름이 아닐 수 없다.

몽골 고원을 통일한 칭기즈 칸은 신속하기로 유명한 기마병을 이끌고 세계 정복에 나섰다. 그의 말발굽이 스쳐 지나간 자리는 모두가 초토화되었다. 먼저 서하가 정복되고 이어 중원의 북쪽을 차지했던 금나라도 속수무책으로 수도가 함락되었다.

1219년 고려는 거란족의 토벌을 계기로 몽골과 처음으로 접촉을 하게 되었다. 거란족들이 몽골군에게 쫓겨 고려로 들어오자 고려는 많은 희생 끝에 이들을 평양 동쪽의 강동성에 몰아넣었다. 몽골은 이들을 토벌하기 위해 고려에 공동작전을 제의하였다.

고려에서는 일찍이 몽골과 교제를 가진 경험이 없어 처음에는 망설였으나 전선에 나가 있던 조충이 결단을 내려 몽골과 함께 강동성을 함락시켰다.

이후 고려는 몽골과 형제의 관계를 맺고 매년 공물을 바치기로 약속하였다. 강동성 전투를 지원해 고려의 골칫거리를 해결해 주었다는 것이 몽골의 주장이었다.

그런데 고려를 방문하는 몽골 사신들의 자세가 너무도 고압적이고 그 행패가 심하였다. 심지어는 공물이 마음에 안 든다며 국왕 앞에서 직접 집어 던지기도 하였다. 본래 고려는 몽골을 오랑캐로 낮춰 보아 교섭을 피하려는 입장이었는데, 저토록 행동이 무례하자 더욱 그들을 꺼리게 되었다.

그러던 차에 사신으로 왔던 저고여가 1225년에 몽골로 돌아가던 길에 압록강 부근에서 살해 당하는 불상사가 일어났다. 고려는 이것이 금나라 도적들의 소행이라고 주장했지만 몽골은 고려의 주장을 묵살하고 국교를 단절하였다. 몽골과의 기나긴 30년 전쟁은 이렇게 시작되었다.

드디어 몽골이 폭풍 전야의 고요를 깨고 1231년 8월 대대적으로 고려를 공격해 왔다. 살리타가 그 우두머리였다. 싸움만 하면 이기는 전쟁에 익숙했던 몽골군은 단숨에 고려의 숨통을 끊을 수 있을 것으로 생각했으나 그게 아니었다. 특히 박서가 지휘하는 구주성과 최춘명이 지휘한 자주성에서 강력한 저항을 받아 패배를 맛봐야 하였다.

이에 살리타는 이곳을 그대로 두고 포도와 당길 등 휘하의 장수들에게 별동대를 편성해 개경을 위협토록 하였다. 이에 최우가 3군의 출정을 결정하고 군대를 내보냈지만 안북성에서 대패하고 말았다.

이제 별다른 저항 없이 개경에 도달한 몽골군은 그 일부가 다시 충주와 청주로 내려갔다. 그러나 충주에서 천민들과 잡류별초들로 조직된 고려군에게 또다시 고배를 마셨다.

몽골군이 개경을 겹겹이 포위하자 조정에서는 더 이상 버티기 어려운 것을 알고 화친을 도모하였다. 이를 살리타가 받아들여 몽골군의 철수가 이루어졌지만 그 대가는 혹독하였다.

서경을 비롯한 서북면 40여 개 성에 민정의 감독관을 뜻하는 다루가치 72명을 배치하였던 것이다. 게다가 요동으로 철수한 이후에는 도단을 개경에 파견하여 내정을 간섭하였다.

1차 침입 이후 몽골의 압력이 가중되자, 당시 집권자인 최우는 몽골과의 전면전을 각오하고 수도를 강화로 옮기기로 하였다. 몽골군이 말은 잘 타지만 물에서는 약하기 때문이었다고 하는데, 사실 강화도는 육지와 가까워 몽골이 전력을 기울였다면 버티기 어려웠다. 몽골은 남송 공격을 위해 배후인 고려를 묶어두는 것으로 만족했을 뿐이다.

그런데 최우의 천도론은 그다지 환영받질 못하였다. 유승단은 작은 나라가 큰 나라를 섬기는 것은 당연하다며 반대하였다. 김세충도 문을 밀치고 들어와 개경을 끝까지 지켜야 한다고 주장하였다. 이에 최우는 김세충을 즉석에서 참살하고 공포 분위기 속에서 천도를 확정하였다. 1232년 6월 16일의 일이었다.

비록 최우가 독단적으로 천도를 추진한 것은 사실이지만 명분상으로는 그 정당성을 확보할 수 있었다. 우선 도단을 비롯한 몽골인들의 오만이 고려인들의 자존심을 자극하였고, 거기에다 징수해 가는 공물의 양이 너무 지나쳤다. 또 몽골의 정복 사업에 필요한 군사의 차출 등 인적자원의 수탈도 견디기 어려웠던 것이다.

그러나 천도의 가장 중요한 목적은 최우의 권력 유지였다. 물론 그런 사적인 동기가 숨어 있더라도 강화도 천도는 고려의 자주성을 내외에 과시하는 결과를 가져온 것만큼은 분명하다.

* 1254년 1월 3일 '몽골 5차 침입군, 고려에서 철군' 참조

▬

1998년 6월 16일

정주영 현대그룹 명예회장, 소떼와 함께 방북

▬

"한 마리의 소가 1000마리의 소가 돼 그 빚을 갚으러 꿈에 그리던 고향산천을 찾아간다."

－정주영

1998년 6월 16일 정주영 현대그룹 명예회장이 소 501마리를 몰고 판문점 공동경비구역에 도착하여 평화의 집에서 방북기자회견을 가졌다. 이어 판문점 중립국 감독위 회의실을 지나 도보로 군사분계선을 넘었다. 분단 이후 민간 차원의 합의를 통해 군사 구역인 판문점을 개방, 민간인의 북한 방문이 이뤄진 최초의 순간이었다.

정 명예회장은 북한 조선아시아태평양위원회 부위원장 송호경을 비롯한 관계자들의 영접을 받으며 판문점을 통과하여 개성을 거쳐 평양에 도착하였다.

정 명예회장은 7박 8일간의 방북 일정 동안 평양 만수대의사당에서 김용순 아태평화위원회 위원장과 면담했으며 북측 관계자들과 금강산 개발을 비롯한 남북 관광 교류와 각종 합작 사업에 대해 논의하였다.

이후부터 '햇볕정책'으로 불리던 김대중 정부의 대북 화해 협력 정책에 탄력이 붙기 시작하였다. 또한 본격적인 대북 사업도 불붙어, 정 명예회장은 지속적인 대북 사업을 위해 현대아산을 창립하였다. 그리고 그 해 11월 18일 현대는 역사적인 금강산 관광선을 처음으로 출항시켰다.

정주영 회장의 방북은 북한 당국이 김영삼 정부 기간 동안 굳게 닫아 온 판문점을 민간 교류 차원에서 열게 했다는 평가를 받고 있다.

* 1998년 11월 18일 '금강산 관광 개시' 참조
* 2000년 3월 21일 '현대그룹 정주영 회장이 별세하다' 참조

—

1968년 6월 16일

시인 김수영 교통사고로 사망

—

1968년 6월 16일 시인 김수영이 술을 마신 뒤 귀가하던 중 갑자기 덮친 버스에 치는 불의의 교통사고로 타계하였다. 그의 나이 48세였다.

김수영은 1921년 서울에서 태어났다. 그는 어린 시절 병약했으며, 선린상고 시절에는 오스카 와일드의 원문들을 외워 암송할 만큼 영어 성적이 우수하였다. 이후 일본의 도쿄상대에 입학하였으나 학병 징집을 피해 만주로 이주했다가 광복과 함께 귀국하여 시 창작을 시작하였다.

1947년 월간 문예지『예술부락』에「묘정廟庭의 노래」를 발표하면서 등단하였고, 김경린, 박인환 등과 함께 5인 합동시집『새로운 도시와 시민들의 합창』을 내면서 본격적인 작품 활동을 시작하였다.

초기에는 모더니스트들의 일반적 경향과 같이 도시 문명에 대한 비판과 암담하고 불안한 시대사조 등을 반영했으나, 1960년 4·19 혁명을 기점으로 정권의 탄압과 압제에 맞서 적극적으로 부정과 타협하지 않는 정신을 강조하는 현실참여 쪽으로 완연히 기울었다.

시집으로는『달나라의 장난』『거대한 뿌리』, 그리고 산문집으로『시여 침을 뱉어라』등을 남겼다.

1981년 이후 그를 기념하는 김수영 문학상이 제정되었다.

1461년 6월 16일

세조, 간경도감 설치

세조는 왕위에 오르기 전부터 세종의 불서 편찬과 불경 간행을 도왔다. 그리고 세조 7년(1461) 6월 16일 왕명을 내려 간경도감을 설치하였다.

간경도감은 고려의 대장도감과 교장도감을 참고하여 중앙에 본사를 두고 지방 여러 곳에 분사를 두었다. 유명한 승려와 학자를 초빙하여 불경을 번역하고 간행하였으며 불서를 구입·수집하고, 왕실 불사와 법회를 관장하기도 하였다.

이때 한글로 번역한 언해본은 불교학 연구뿐만 아니라 조선 초기의 우리말 연구에 귀중한 자료가 되고 있다.

하지만 1470년 세조가 왕위에서 물러나고 성종이 즉위하자 그 이듬해 간경도감은 폐지되었다.

6월의
모든 역사

6월 17일

1419년 6월 17일

조선, 대마도 정벌에 나서다

고려 말부터 조선 초까지 왜구는 큰 골칫덩어리였다. 이들은 내륙까지 깊숙이 들어와 온갖 약탈을 저질렀다. 창왕 때 박위가 대마도를 공격한 적이 있었지만 그리 위협적이진 못하였다.

그러던 1419년 왜구가 비인현을 약탈하자 이를 계기로 태종은 대마도를 정벌하기로 결정하였다. 그는 이종무를 삼군도체찰사로 삼아 대마도 정벌을 맡겼다. 드디어 6월 17일 이종무는 전선 227척, 군사 1만 7,285명의 정벌군을 이끌고 대마도 원정길에 나선다.

고려 말부터 조선 초까지 왜구는 우리나라 해안뿐만 아니라 내륙까지 깊이 쳐들어와 엄청난 피해를 입혔다.

이에 고려 창왕은 왜구의 소굴인 대마도에 박위를 보내 공격하기도 하였다. 조선 초기에 다시 왜구가 극성을 부리자 태조 역시 김사형을 시켜 대마도를 정벌케 하였다.

그러나 대마도에 대한 대대적인 정벌은 1419년 세종 때에 와서 이루어졌다. 이 정벌의 직접적 계기가 된 것은 그해 5월 대마도인의 비인현 도두음곶에 대한 침입이었다.

당시 대마도의 실권은 샤미타라가 장악했는데, 도내에 기근이 들자 그는 명나라 해안을 약탈하기로 계획하였다. 그리하여 명으로 향하던 도중 식량을 구하러 잠시 조선의 연안을 습격하였는데, 그곳이 도두음곶이었다.

이들은 조선의 병선 7척을 불태우고 온갖 약탈을 일삼았다. 도두음곶 만호 김성길은 술에 취해 당황하여 물에 뛰어들었다가 빠져 죽었고 그의 아들도 적들과 싸우다가 죽고 말았다. 뿐만 아니라 수백 명의 아군이 살해되었다.

이들은 다시 해주로 가서 노략질을 계속하다가 연평곶에서 적정을 살피던 절제사 이사검을 포위하여 쌀 40섬을 강탈한 후 유유히 요동 쪽으로 빠져나갔다.

이 보고를 접한 태종은 잔뜩 분노하여 1419년 5월 14일 대신들을 소집했다. 대마도 정벌을 논의하기 위해서였다. 비록 왕위는 세종에게 물려준 상태지만 군사권만은 아직 태종이 갖고 있었던 것이다.

태종은 대신들에게 "대마도가 비어 있는 틈을 타 왜구들의 소굴을 소탕하는 것이 어떠한가?" 하고 물었다. 그렇게 하면 연안을 노략질하는 왜구들이 스스로 물러갈 것이라고 태종은 판단하였다.

그러나 많은 대신들이 부정적인 반응을 나타냈다. 이들은 대마도를 치기보다는 왜구들이 약탈하고 돌아갈 때 길목을 지켜 공격하는 것이 좋을 듯하다는 의견을 내놓았다.

그러나 병조판서 조말생은 태종의 주장을 적극 지지하였다. 그는 대마도를 친 다음 회군할 때 국내에 침입한 왜구들을 소탕하면 근거가 약해진 왜구들이 더 이상 침략하기 힘들 것으로 보았다.

태종이 이에 힘을 얻어 논란에 쐐기를 박았다.

"만약 이번에 소탕하지 않는다면 앞으로도 계속 왜구들에게 시달릴 것이다. 이것이야말로 고조가 흉노를 확실히 제압하지 못해 두고두고 욕을 보던 것과 무엇이 다르겠는가. 이제 대마도를 공격하여 그 처자들을 볼모로 잡고 거제에서 길목을 지켜 섰다가 돌아가는 왜구들의 배를 모조리 불사르라."

태종은 곧 이종무를 삼군도체찰사로 삼아 대마도 정벌에 대한 총지휘를 맡겼다. 일단 정벌이 결정되자, 조선은 대마도 도주에게 도두음곶을 약탈한 선박을 잡아 보내라고 요구하였다.

또한 기밀이 새나가는 것을 방지하기 위해 여러 조치들을 취하였다. 먼저 조선에 온 대마도 사절을 함길도로 보내고 흉악한 왜인 21명을 참하였다. 또 경상도에 거주하던 왜인 600여 명을 경상도와 충청도, 강원도로 나누어 이주시켰다.

이렇게 정벌을 위한 사전 정지 작업이 모두 끝나자, 드디어 6월 17일 이종무는 전선 227척, 군사 1만 7,285명을 이끌고 대마도 원정길에 나섰다. 우리 역사에 흔치 않은 공격전이었다.

원정군은 6월 20일 대마도에 도착하였다. 이종무는 대마도주에게 글을 보내어 항복을 권했으나 대답이 없었다. 이에 이종무는 길을 나누어 수색하도록 하였다.

그 결과, 적병 114명을 참수하고, 21명을 포로로 했으며, 1,939호의 가옥을 불태웠다. 또한 129척의 선박을 빼앗고, 131명의 중국인을 찾아내는 등의 전과를 올렸다.

또 이종무는 적이 내왕하는 중요 지점에 책柵을 세워 오래 머무를 뜻을 보여 주었다.

하지만 좌우군을 이끌고 수색하던 좌군절제사 박실이 복병을 만나 장수와 군사 수십 명이 전사하였다. 게다가 대마도주가 아군에게 물러나기를 간절히 부탁해 7월 3일 거제도로 철군하였다.

이후 대규모의 왜구가 없어지고, 평화적인 왕래가 지속되었다.

——

1646년 6월 17일

임경업 장군, 심문 중 옥중에서 죽다

——

임경업 장군이 청나라에서 소환된 후 나라를 배반하고 국법을 어겼다는 죄를 뒤집어쓴 채 모진 매를 맞다가 1646년 6월 17일 숨지고 말았다. 임경업은 철저한 친명배청파親明排淸派 장군이었다.

임경업은 1594년 충주 달천에서 태어났으며, 어려서부터 무예에 뛰어났다. 그는 1618년 무과에 급제한 후, 이괄의 난을 평정하는 데 공을 세워 진무원종공신 1등이 되었다.

그러나 정묘호란과 병자호란을 겪으면서 국력이 나약한 나라의 무관으로서의 운명을 절감할 수밖에 없었다. 중원이 명나라에서 청나라로 교체되는 역사의 소용돌이 속에서 명나라를 선택한 그의 운명은 시종 가시밭길이었다.

그러나 그는 국력 신장을 위해 정묘호란 이후 퇴락한 산성 수축에 힘썼으며, 다른 한편으로는 명나라와 연합하여 청나라를 물리치기 위해 노력하였다. 그는 공유덕 등 명나라에 반역한 무리를 토벌하여, 명나라로부터 총병 벼슬을 받았다. 병자호란이 일어나자 백마산성에서 청나라 군대의 진로를 차단하고 원병을 청했으나 남한산성이 포위되는 위기를 겪기도 했다.

그 후 청나라가 명나라 군대를 치기 위해 조선에 병력을 요청하자 수군장으로 참전했으나 명나라와 내통하여 피해를 최소한으로 줄였다. 1640년 안주목사로 재직 중 청나라의 요청에 따라 주사상장으로 명나라를 공격하기 위해 출병, 다시 명군과 내통하여 청군에 대항하려다가 발각되어 체포되었다.

다행히 금교역에서 탈출을 감행, 1643년 5월 배 한 척을 빌려 마포를 출발하여 명나라에 망명해 마등고의 휘하에 들어갔다. 그 후 평로장군으로 4만 명의 병사를 이끌고 청나라와 싸웠으나 베이징이 함락되고 마등고는 청나라에 투항하고 말았다.

한편, 본국에서는 그의 후원자인 심기원의 옥사가 일어나 임경업이 연루되었다는 소식이 전해져 입국도 어렵게 되었다. 1645년 정월 마침내 임경업은 청나라에 잡혀 베이징으로 압송되었다가 인조의 요청으로 본국으로 송환되었다.

임경업은 고문을 당하다가 1646년 6월 17일 53세라는 비교적 젊은 나이에 죽고 말았다.

그는 불운하였지만 우국충정에 뛰어난 충신이었다. 이후 그의 무용담을 소재로 고대소설 『임경업전』이 탄생하였다.

1906년 6월 17일

「만세보」 창간

1906년 6월 17일 동학의 영수였던 손병희의 발의로 천도교에서 만든 일간지 「만세보萬歲報」가 창간되었다. 오세창이 사장, 이인직이 주필을 맡았다.

이 신문의 창간 취지는 민족정신 고취, 국민 계도 등이었다. 따라서 친일단체인 일진회 등의 반민족적 행위를 신랄하게 비판하였다.

또한 한자를 잘 모르는 독자들을 위해 우리나라 신문 사상 처음으로 한자 옆에 한글로 토를 달았으며, 최초의 신문 연재소설인 이인직의 「혈의 누」「귀의 성」을 실었다.

「만세보」의 애독자였던 고종은 내탕금(內帑金 : 왕의 사유 재산) 1,000원을 하사하기도 했다. 당시 만세보의 1년 치 구독료는 3원이었다.

고종의 후원과 천도교의 지원에도 불구하고 「만세보」는 경영난에 시달렸다. 창간 1년을 갓 넘긴 1907년 6월 29일자 293호를 끝으로 결국 폐간되고 말았다.

그 마지막 날, 만세보는 신문과 함께 전단 안내문도 발행하였다. 그 전단에는 이렇게 써 있었다.

기계 파손으로 정간하며 다시 발간될 시기를 알기 어렵습니다.

이후 이인직이 「만세보」를 인수해 「대한신문」으로 제호를 바꿔 7월 18일부터 간행하였다. 하지만 이때부터는 철저한 친일기관지로 변신하였다.

1992년 6월 17일

한글 로마자 표기법 단일안 합의

1992년 6월 17일 한글의 로마자 표기에 관한 남북한 단일안이 마련되었다.

남한의 정수웅 공업진흥청 차장과 북한의 홍린택 규격위원회 위원장은 프랑스 파리 소재 프랑스표준협회AFNOR 회관에서 만나 '제5차 기계화를 위한 한글의 로마자 표기법에 관한 남북한 회의'를 개최하였다. 이 회의에서 양측은 절충시킨 단일 표기 법안에 합의하고, 이를 국제표준화기구ISO에 단일안으로 공식 제출하였다.

이로써 1987년 5월 모스크바 1차 회의 이후 5년간에 걸친 단일안 협상이 매듭지어졌다.

남북한 단일 로마자 표기법이 합의됨에 따라 국내 지명, 인명 표기 방식이 통일돼 국내외 표기상의 혼란이 해소되었으며, 한글 및 어문학 분야에서 남북 간 격차를 해소하는 데 기여하였다.

남북한 간의 단일안에 따르면, 한글 자음 'ㅂ'은 영문 알파벳 'P'로 결정돼 '부산'의 경우 'PUSAN'으로 확정되었다. 또한 'ㄱ'은 'K'로, '이'는

'I'로 각각 표기하게 되었다.

1867년 6월 17일

고종, 『육전조례』 간행

고종 2년(1865)에 조선 500년간의 모든 법령이 수록된 『대전회통大典會通』이 편찬되었으나 빠진 사례가 많았다.

이에 고종은 그해 2월 다시 신하들에게 명하여 이 조례를 편집하게 하고 1867년 6월 17일『육전조례六典條例』10권 10책을 간행하였다.

『육전조례』는 이 · 호 · 예 · 병 · 형 · 공의 육전을 강으로 하여 그 밑에 해당 각 관청을 배속시키고, 소장사목所掌事目 · 조례 · 시행세칙 등을 규정한 일종의 행정법규집이다.

고종은 이 책을 경외京外의 각 아문에 내려 각 관리들이 일을 처리할 때 참고하도록 하였다.

6월의
모든 역사

6월 18일

■
.
■

1769년 6월 18일

영조, 난장형을 폐지하다

난장亂杖은 죄수를 형틀에 꽁꽁 묶어놓고 여럿이서 몸의 아무데나 마구 치는 것이다. 양쪽 엄지발가락을 함께 묶어 발바닥을 치는 것도 난장이라고 하는데, 이러다 보면 빗맞아 발가락이 떨어져 나가는 일이 많았다. 때문에 난장을 발가락을 뽑는 것이라고 말하기도 한다. 또 난장 가운데에는 거적을 덮어놓고 여러 명이 한꺼번에 달려들어 몽둥이찜질을 퍼붓는 피점난장도 있었다. 영조는 즉위한 이후 많은 고문들이 가혹하다는 이유로 하나둘 폐지시켰는데 난장도 여기에 포함되었다.

'경을 칠' '우라질' '육시랄' '젠장 맞을' '주리를 틀'. 나열한 말들은 우리가 일상생활에서 흔히 접하는 것들인데, 그렇다면 이들을 하나로 묶어내는 끈은 무엇일까. 답은 형벌과 관련된 욕설이라는 것이다.

경을 친다는 것은 본래 얼굴이나 팔뚝의 살점을 떼고 그 자리에 먹물로 죄명을 찍어 넣는 것을 말한다. 우라질은 오라질이 변한 말인데, 못된 짓을 하다가 붙잡혀 간다는 뜻이다. 육시랄은 이미 죽은 사람을 다시 관에서 꺼내 목을 베는 것을 가리키고, 주리를 튼다는 것은 두 다리를 하나로 묶고 그 사이에 막대기를 끼워 비틀던 형벌이다. 젠장 맞다는 것은 '제기랄, 난장亂杖을 맞을'이 줄어든 것이다.

몽둥이로 죄를 다스리는 형벌은 조선시대에는 아주 일반적이었다. 비록 치밀하지는 않으나 그때에도 나름대로 절차에 따른 형벌과 집행은 존재했다. 조선의 형법은 중국 명나라의 대명률에 근거하고 우리 실정에 맞도록 시행령을 만들었다.

대명률에는 다섯 가지의 형벌이 규정되어 있는데, 태형笞刑 · 장형杖刑 · 도형徒刑 · 유형流刑 · 사형死刑이 그것이다. 태형과 장형은 비교적 가벼운 죄를 지었을 때 볼기를 치는 형벌로서, 태형은 10대에서 50대, 장형은 60대에서 100대까지였다. 이것은 형이 확정된 후 정식으로 집행되는 것이었다.

문제는 피의자를 심문하면서 자백을 받아내기 위해 동원되는 갖가지 고문이었다. 주리를 튼다거나 사금파리를 깔아놓고 여럿이 무릎을 짓밟는 압슬壓膝 등 수많은 고문이 사람들의 몸과 마음을 망가뜨렸다.

난장도 그중의 하나였다. 이것은 죄수를 형틀에 꽁꽁 묶어 놓고 여럿이서 몸의 아무데나 마구 치는 것이다. 양쪽 엄지발가락을 함께 묶어 발바닥을 치는 것도 난장이라고 하는데, 이러다 보면 빗맞아 발가락이 떨어져 나가는 일이 많았다. 때문에 난장을 발가락을 뽑는 것이라고 말하기도 한다.

난장은 주로 천민이 신분 높은 여자를 겁탈하거나 근친상간 등 반윤리적인 범죄에 대해 적용되었는데, 자칫 죽기도 하였다. 또 난장 가운데에는 거적을 덮어놓고 여러 명이 한꺼번에 달려들어 몽둥이찜질을 퍼붓는 피점난장도 있었다. 일종의 '멍석말이'라고 할 수 있다.

난장과 비슷한 것으로는 주장당문朱杖撞問이 있는데, 이는 몽둥이로 몸의 구석구석을 찔러 대는 형벌이었다. 주장은 원래 잡인의 접근을 막던 붉은 몽둥이였는데, 죄수를 고문하는 데까지 진출한 것이다.

그러나 영조가 즉위한 이후 많은 고문들이 가혹하다는 이유로 하나둘 폐지되기 시작하였다. 이천해는 경종을 독살했다고 영조를 욕하다 스무 번도 넘는 압슬을 받고 처형되었는데, 이튿날에 영조는 이 형벌이 잔인하다며 없애라고 하였다.

이어서 포도청에서 행하던 가새주리가 금지되었다. 가새주리란 양발목과 양 무릎을 동여매고 정강이 사이에 두 개의 긴 몽둥이를 꿰어, 서로 어긋나게 벌리어 가며 잡아 젖히던 고문 방식이었다. 그리고 시뻘겋게 달군 쇠로 발바닥을 지지는 낙형도 없어졌다.

마침내 1770년 6월 18일 난장도 폐지되었다. 그렇다고 실제로 이들 악랄한 고문이 완전히 사라진 것은 아니었다.

이후에도 여전히 불법적으로 곳곳에서 암암리에 사람들을 괴롭혔던 것이다.

1426년 6월 18일

조선, 수성금화도감 설치

1426년 6월 18일 조선의 소방 업무를 담당하는 수성금화도감이 설치되었다.

우리나라의 경우, 삼국시대에는 행정기구나 군대가 소방 활동을 하였던 것으로 추측된다. 소방의 법제 · 기구 · 활동이 확립된 것은 조선시대에 와서부터이다.

조선의 소방 제도는 법제상으로 세종 때 『경국대전經國大典』에서 정비되었다. 1417년 각 관아 · 창고의 당직자와 화금순관이 야간에 순찰하도록 하는 금화령禁火令을 내린 바 있고, 1423년에는 13개조에 달하는 금화세칙을 구체화하여 시행토록 하였다.

1426년 2월에는 병조 아래 금화도감을 설치하였다가 같은 해 6월 성문도감과 병합하여 수성금화도감을 공조 밑에 두게 된 것이다. 그러던 것이 1460년에는 다시 한성부로 이관하였으며, 성종 때 수성금화사로 되어 소방 업무에 독립성이 상실되었다.

임진왜란 후에는 그것마저 폐지되고, 서울에서는 순찰 업무를 관장하는 병조와 한성부가 담당했으며, 지방에서는 각 수령이 맡았다.

당시의 소방 업무도 금화(방화) · 구화(인명 · 재산 구제) · 멸화 · 비화(화재대비) 등으로 현재와 대략 비슷하였다.

그리하여 금화도감 밑에는 금화군 또는 멸화군이 있었고, 물을 긷는 급수비가 있었으며 민간에서는 오가작통법에 따라 이웃끼리 소화에 임하였다.

—

1953년 6월 18일

이승만 대통령, 반공 포로 전격 석방

—

1953년 6월 18일 새벽 2시, 영천 · 대구 · 상무대 · 논산 · 마산 · 부산 · 부평 등 7개 수용소에 근무하던 한국군 헌병들은 유엔군의 눈을 피해 일제히 수용소 문을 열었다. 그러자 유엔군이 경비 중인 포로수용소의 반공反共 포로들이 탈출을 시작하였다.

이에 앞서 6월 8일 유엔군과 공산군 양측 간의 포로 송환 문제가 타결되었다. 송환을 원하는 반공 포로들은 2개월 내에 맞바꾸고 송환을 거부하는 친공 포로들은 체코 · 폴란드 · 인도 등 5개국으로 구성된 '중립국 송환 위원회'가 6개월 동안 이들의 귀환을 설득한다는 것이 주요 내용이었다.

이에 대해 휴전 협정을 반대해 온 정부와 국민들은 분노하였다. 이승만 대통령은 헌병총사령관 원용덕 중장에게 반공 포로들을 극비리에 석방할 것을 명령하였다.

미군은 탱크와 헬기까지 동원하여 포로들을 잡아들였지만 주민들이 이들에게 옷을 갈아입히고 침식을 제공하며 도와주었다.

이때 3만 5,600여 명의 반공 포로들 가운데 2만 7,400여 명은 자유를 찾았으나 8,000명은 다시 포로수용소에 잡혀들어 갔다.

* 1952년 5월 7일 '거제도 포로수용소에서 폭동이 일어나다' 참조
* 1953년 6월 8일 '유엔군과 북한군, 한국전쟁 포로 문제에 관한 협정 타결' 참조

1989년 6월 18일

축구 선수 차범근, 서독에서 은퇴

1989년 6월 18일 서독 분데스리가에서 활약하던 축구 선수 차범근이 은퇴를 선언하였다. 차범근이 서독 축구계에 발을 디딘 1978년 12월 30일 이후 만 11년 만이었다.

차범근은 서독 프로팀인 다름슈타트 클럽에 단신으로 건너가 테스트를 받고 서독에서 선수 생활을 시작하였다. 하지만 1979년 7월 12일 연봉 22만 마르크를 받고 프랑크푸르트팀과 입단 계약을 맺으면서부터 분데스리가에서 본격적으로 활약을 펼치기 시작하였다.

그는 입단 첫해 12골을 터뜨리며 소속팀을 유럽축구연맹UEFA컵 우승팀으로 끌어올렸다. 덕분에 다음 시즌부터 연봉 40만 달러의 '갈색 폭격기'로 자리 잡았다.

1983년 7월 차범근은 레버쿠젠으로 이적하면서 진가를 더하였다. 당시 레버쿠젠에는 고의적인 파울로 차범근의 척추 뼈를 다치게 한 겔스돌프가 있었다. 하지만 차범근은 모든 것을 화해하며 동양인 선수에게는 엄청난 액수인 이적료 135만 마르크에 연봉 52만 6,000마르크를 받으며 이적에 동의하였다.

차범근은 통산 308경기에 출장해 98득점을 기록하였다.

1985년 6월 18일

월간 『말』 창간

1985년 6월 18일 월간『말』지가 민주언론운동협의회 기관지로 창간호를 발행하였다.

민주언론운동협의회는 1975년 '언론 자유'를 외치다 해직된 「동아일보」와 「조선일보」의 젊은 기자들과 1984년 군사정권에 의해 쫓겨난 해직언론인들이 조직한 단체이다.

『말』지는 정치에 대한 대항 매체가 전무하던 시절에 각종 사회문제를 고발하는 데 중점을 두고, 제도 언론으로부터 외면당한 민중의 진실을 알리는 데 주력하였다.

특히 1986년 9월에는 군사정권의 보도 지침을 폭로해 이듬해 6월 항쟁의 불씨를 제공하였다. 또한 1987년 12월에는 특집호를 발행해 '폭력과 조작의 진상-부정선거'를 통해 정치권의 부패상을 폭로하기도 하였다.

하지만 『말』은 재정난을 견디지 못하고 2009년 3월호 이후 발행이 중단되었다.

6월의
모든 역사

6월 19일

■
·
■

2005년 6월 19일

연천 군부대에서 총기 난사 사건이 발생하다

2008년 5월 7일, 국방부 고등군사법원 연천 군부대 총기 난사 사고로 기소된 김동민 일병은 재판장인 김영률 대령에게 "궁금한 것이 있습니다."라며 질문을 하였다. 재판장이 "무슨 질문이냐?"라고 묻자 김 일병은 "말뿐이지, 증거가 없지 않습니까?"라고 말하였다. 이에 대해 재판장은 "직접증거는 없지만, 주변 여러 가지 상황을 고려해서 판결을 한다."라고 대답하였다.

2005년 6월 19일 오전 2시 30분쯤, 경기도 연천군 중면 육군 28사단 최전방 소초GP 내무반에서 김동민 일병이 수류탄 1발을 던지고 K-1 소총 44발을 난사하는 사건이 발생하였다. 1984년 이후 군부대 총기 사건으로는 가장 많은 사망자를 낸 사건이었다.

소대 내 말단 사병으로 군 생활에 어려움을 겪던 김 일병은 후방초소 근무 중 다음 근무자를 깨운다는 명분으로 내무반으로 이동하였는데, 몸에는 안전핀이 뽑힌 수류탄 1발과 25발들이 탄창 2개를 지니고 있었다.

그는 내무반에 도착하자마자 관물대에 있는 K-1 소총을 절취해 화장실로 간 다음, 소총에 탄창을 장전해 조정간을 연발로 맞추고 다시 내무반으로 갔다.

김동민 일병은 내무반에 수류탄을 던지고 상황실로 이동하였다. 그리고 체력 단련장에서 나오는 소초장 김종명 중위에게 소총을 난사해 사살한 데 이어, 취사장에서 상병 1명을 더 사살하였다. 그 뒤 곧바로 내무반으로 들어가 우왕좌왕하는 병력들을 향해 소총으로 25발을 모두 난사하고 전방 초소로 이동하였다.

전방 초소에서 상병 1명에게 다시 사격하였으나, 실탄이 떨어져 미수에 그쳤다. 그리고 범행 뒤 태연히 근무지에 복귀하였다가 사건 발생 20여 분이 지난 2시 50분경 체포되었다.

김 일병은 군 당국의 조사 과정에서 "평소 괴롭히던 선임병의 자는 얼굴을 보고 순간적으로 홧김에 범행을 저질렀다."고 진술하였다.

이 사건으로 소초장 김종명 중위와 전영철 · 조정웅 · 박의원 · 이태련 · 차유철 · 김인창 · 이건욱 등 사병 8명이 사망하였고, 복부와 다리에 파편 관통상을 입은 김유학 · 박준영 일병은 국군 양주병원으로 후

송돼 수술을 받아 목숨을 건졌다.

윤광웅 국방장관은 대국민 사과 성명을 발표했으며, 사후대책으로 GP 근무 병력의 지원병 충당과 이들에 대한 특별수당 및 특별휴가 등 각종 인센티브 제공, 군 생활에 대한 적극적 유인책 개발, 사병 봉급의 대폭 인상, 사병 관리 시스템 개선 등을 대안으로 제시하였다.

이 사건은 엄격한 위계질서에 익숙하지 않은 신세대 장병들에 대한 관리 체계와, 사고 발생 가능성이 있는 문제 병사를 거르는 시스템을 제대로 갖추지 못한 결과가 낳은 대형 참사로 평가받고 있다.

한편 사고를 당한 유족들은 "김 일병의 살해 동기나 사건 정황 등에 대해 상식적으로 이해할 수 없는 것이 많다."라며 군 발표에 의혹을 제기하였다.

김동민 일병은 2008년 5월 7일 사형 판결을 받았고, 2012년 현재 장호원 교도소에서 수감 중이다.

1931년 6월 19일

「중외일보」 종간

「중외일보中外日報」가 재정난을 타개하지 못하고 1931년 6월 19일자 지령 제1492호를 마지막으로 종간하였다.

1924년 최남선은 「시대일보時代日報」를 창간하였다. 하지만 이 신문이 경영난으로 1926년 8월 중순부터 발행을 중단하자, 당시 신문계의 귀재鬼才로 불리던 이상협이 「중외일보」로 개제하여 총독부로부터 발행 허가를 받았다.

이렇게 하여 '가장 값싸고 가장 좋은 신문'이라는 모토를 내걸고 1926년 11월 15일 「중외일보」가 창간되었다.

이상협은 기존의 「동아일보」 「조선일보」에 맞섰으나 재정 상태가 빈약하여 마찬가지로 경영난을 겪었다. 재정난을 타개하기 위해 1929년 9월, 자본금 15만 원의 주식회사로 개편하고 사장에 안희제, 부사장에 이상협이 취임하였다.

그리고 그때까지 다른 민간지가 다루지 못하였던 조·석간 4면씩 하루 8면 발행하는 등 지금까지의 소극적인 경영 정책에서 탈피하여 적극적 경영을 시도하였다. 이에 자극을 받은 「동아일보」와 「조선일보」도 8면으로 증면하면서 신문업계는 치열한 경쟁이 벌어졌다.

그러나 원래부터 재력이 빈약하였던 「중외일보」는 자신이 시작한 경쟁으로 자신이 쓰러지는 결과를 낳았다.

이후 「중외일보」는 그 판권으로 제호를 「중앙일보」로 바꾸어 같은 해 11월 27일 제1493호로 다시 발행되었다.

———

1960년 6월 19일

미국 대통령 아이젠하워 내한

———

1960년 6월 19일 드와이트 아이젠하워 미국 대통령이 1박 2일의 일정으로 김포공항에 도착하였다.

미국 대통령으로서는 1882년 한·미 수호통상조약 이후 78년 만의 첫 방문이었고, 아이젠하워로서는 두 번째였다. 1952년 12월 아이젠하워는 "당선되면 한국을 방문, 한국전쟁을 종식시키겠다."고 한 선거 공약을 지키기 위해 당선자 자격으로 방문한 적이 있었다.

정동에 있는 미국대사관에서 하룻밤을 보낸 아이젠하워는 허정 과도 정부 수반과 두 차례에 걸쳐 한미 고위회담을 가졌다.

이 회담을 통해 아이젠하워는 "미국이 공산 세력의 침략에 적극 대응할 것을 약속하고, 한국의 민주주의가 발전하기를 기대한다."고 말하였다.

그리고 한국과 미국은 한반도의 평화적인 통일을 위해 공동 노력하기로 합의하였다.

1911년 6월 19일

장서각 설립

1911년 6월 19일 조선시대 문서를 보관하던 도서관인 이왕직李王職 장서각이 설립되었다.

이에 앞서 고종 때 규장관 · 홍문관 · 집옥재 · 춘방 · 4사고 등에 있던 책들을 사간동에 있는 인수관으로 옮기고 서고를 지으려 했으나, 1910년 한일합병으로 중단된 바 있다.

조선총독부는 새로 이왕직 관제를 정하면서, 규장각이나 사고의 서적들을 이왕직 도서관에서 관장하게 하였다. 그러나 실제로는 모든 도서들을 조선총독부 취조국으로 옮겼고, 이왕직에서는 그밖의 서적들만을 보관하였다.

여기에 새로 책들을 모아 1911년 이왕직 장서각을 설립하고, 1918년에 서고 이름을 '장서각'으로 지었다.

장서각은 여러 차례 보유하고 있던 책들을 정리해 1914년 「이왕가도
서실장서목록李王家圖書室藏書目錄」 등의 도서 목록을 편찬하였다.

장서각에 있던 도서들은 1981년에 한국정신문화연구원의 도서관으
로 옮겨졌다.

1946년 6월 19일

국립 서울대학교 설립안 발표

1946년 6월 19일 미 군정청은 국립 서울종합대학교 설립안을 발표
하였다. 경성대학과 8개 관립 전문학교, 사립학교인 경성치과의학전문
학교를 통합해 서울대를 설립하겠다는 내용이었다.

그리고 설립 안이 발표된 지 두 달 만인 8월 22일 9개 단과대학과 한
개의 대학원으로 구성된 우리나라 최초의 국립종합대학인 서울대가 출
범하였다.

이후 서울대학교는 1975년 서울 동숭동 캠퍼스를 정리하고 지금의
관악캠퍼스로 이전하였다.

6월의
모든 역사

6월 20일

■
∙
■

645년 6월 20일

고구려와 당나라 사이에 안시성 싸움이 시작되다

당 태종은 고구려를 주머니 속의 물건이라고 이르더니 어찌 알았
으랴, 자신의 눈동자가 화살에 맞을 떨어질 줄을……

-이색,『정관음』

고려가 강화도로 수도를 옮겨 몽골과 대치할 때, 당시 세자였던 원종은 쿠빌라이를 찾아가 만났다. 쿠빌라이가 원나라 황제를 놓고 동생인 아리부카와 치열한 경쟁을 벌이던 때, 결단을 내린 것이었다.

쿠빌라이는 뜻밖에도 고려의 세자를 만나자 "고려는 1만 리 밖의 나라로서 당 태종이 친히 정벌하였어도 항복받지 못하였다. 그런데 지금 그 세자가 나를 찾아왔으니 이는 하늘의 뜻이로다."라며 감격해 하였다. 여기서 쿠빌라이가 당 태종의 친정이 좌절되었다고 언급한 것은 바로 안시성 싸움을 의미하는 것이다.

고구려에 대한 수차례의 원정으로 수나라가 망하자 그 뒤를 이어 당이 들어섰다. 서로 포로를 교환하는 등 온기가 흐르던 고구려와 당의 관계는 당 태종이 즉위하면서 분위기가 이상해지기 시작하였다.

대제국을 건설하려는 야망에 불타던 태종은 돌궐과 오아시스 국가들을 정복하자마자 칼끝을 고구려에 겨누었다. 그는 영류왕 14년(631)에 고구려에 사신을 보내 수나라 전사자의 해골을 찾아 제사를 지내고 고구려의 전승기념탑인 경관을 헐어버렸다.

이때부터 고구려는 당의 침략을 예상하고 부여성에서 비사성에 이르는 천리장성을 쌓기 시작하였다. 당이 호시탐탐 고구려 정벌의 기회를 노리고 있는 가운데 642년 10월 마침 고구려에서 연개소문이 쿠데타를 일으켰다. 그는 영류왕과 대신 100여 명을 살해하고 보장왕을 새로 왕위에 앉혔다.

침략의 꼬투리를 잡는 데 혈안이 되어 있는 태종에게 이는 좋은 구실이었다. 더구나 연개소문은 신라에 대한 공격을 중지하라는 당의 요구를 거절하고, 당에서 파견한 사신마저 굴속에 가두어 버렸다.

보장왕 3년(644) 11월, 마침내 태종은 고구려 원정 나팔을 불었다. 그가 내건 명분은 크게 세 가지였다.

첫째, 왕을 시해한 연개소문을 응징하고 백성들을 구원한다.
둘째, 수나라 때에 전사한 병사들의 원수를 갚는다.
셋째, 사방이 모두 평정되었는데 오직 고구려만이 평정되지 않았다.

당나라의 이세적과 도종은 기병 6만 명과 거란 · 말갈의 군사를 거느리고 유주에서 요동으로 진격하고, 장량은 4만 3,000명을 500척의 배에 태워 내주에서 평양으로 출동하였다.

당의 육군은 신성과 건안성 등을 공격했지만 고구려의 강력한 저항을 받아 물러났다. 이들은 개모성으로 방향을 돌려 그곳을 함락시키고 요동성을 공격하였다. 이 성은 요동 지역 최대의 거점으로 수 양제도 함락시키지 못한 난공불락의 요새였다. 그러나 태종이 직접 전투에 참여하여 독려하자 결국 요동성도 당군에게 떨어졌다. 실로 고구려의 위기였다.

요동성에 이어 백암성까지 점령한 당은 이제 말머리를 안시성으로 돌렸다. 연개소문은 서둘러 고연수와 고혜진에게 15만의 대군을 주어 안시성을 구원케 하였다. 하지만 그들은 주필산 아래에서 당군에게 포위되어 거센 공격을 받은 끝에 투항하고 말았다.

이제 안시성은 홀로 고립된 채 '고구려의 운명'이라는 무거운 짐을 지게 되었다. 그러나 성주인 양만춘의 용맹이 뛰어나고 병사들도 정예병이라 가히 고구려가 마지막 희망을 걸 만하였다. 당군의 완전 포위 속에서 진행된 안시성 싸움은 용광로보다 더 뜨거웠다.

645년 6월 20일, 고구려군은 당군이 포차를 날리면 숨고, 충차衝車를 부딪쳐 성벽이 무너지면 목책을 세워 무너진 곳을 메웠다. 이러기를 하루에도 예닐곱 차례, 그러나 고구려군은 끄덕도 하지 않았다. 오죽하면 이세적이 "이 성을 빼앗으면 남자들을 모두 구덩이에 묻어 죽이겠다."고 했을 정도였다.

이렇게 되자 당군은 두 달 동안 연인원 50만 명을 동원하여 성벽보다 높은 흙산을 만들었다. 그러나 서둘러 쌓은 탓인지 갑자기 무너지고 말았다. 이에 고구려군은 재빨리 유격대를 조직하여 이 흙산을 빼앗았다. 흙산이 무너져 내리자 태종의 마음도 같이 무너져 내렸다.

어느새 9월이 찾아왔다. 벌써 요동에는 찬바람이 불기 시작해 초목은 마르고 물은 얼어붙었다. 수북하던 양식도 바닥이 드러나기 시작하였다. 태종은 분하기 그지없었지만 눈물을 머금고 퇴각 명령을 내릴 수밖에 없었다.

이때 당 태종은 양만춘이 쏜 화살에 맞아 한쪽 눈을 잃었다. 태종은 돌아가면서 "만일 위징이 살아 있었다면 반드시 이번 원정을 말렸을 텐데……."라며 깊이 탄식하였다.

이후 당나라는 662년 1월에 다시 고구려를 공격하였지만 역시 연개소문에게 패하고 말았다.

* 642년 1월 23일 '고구려의 연개소문, 당나라 군대 대파하다' 참조

1911년 6월 20일

일제, 산림 자원 수탈 위해 「산림령」 공포

일제는 1900년 초부터 대한제국 국토의 73%에 달하는 산림 자원을 조직적으로 수탈하기 위해 산림조사 · 지권조사 · 산림식물분포조사 등 예비 조사 작업을 면밀히 추진하였다.

그리고 1906년 대한제국과 '압록강 · 두만강산림협동약관'을 체결해 본격적인 산림 자원 수탈에 착수하였다.

이후 1908년 1월 22일 「산림법」을 제정하여 산림 산야의 소유자는 이 법의 시행일로부터 3년 내에 농상공부 대신에게 신고하도록 하였다. 그리고 기한 내에 신고하지 않은 산림을 국유림으로 만들었다.

그 뒤 일제 강제 병합 이후인 1911년 6월 20일 「산림령」이 공포되고 9월 1일부터 시행하게 되면서 「산림법」은 폐지되었다.

일제가 「산림령」을 산림 정책의 기본법으로 삼아 본격적으로 국유임야를 창출하고 일반 국민의 임야를 박탈하고자 하는 의도였다.

「산림령」의 주요 내용은 다음과 같다.

첫째, 국토의 보안 및 기타 필요하다고 인정할 때에는 산림을 보안림에 편입할 수 있으며, 보안림의 해제는 총독의 재량에 맡김으로써 산림소유권에 대하여 중대한 제한을 가할 수 있다.

둘째, 산림방화죄, 산림절도죄, 산림 훼기죄 등 특별 형벌 규정을 둠으로써 일반 국민의 이용을 금지하였다.

셋째, 산림법에 있었던 부분림 제도 대신에 조림대부 제도를 두었다.

일제는 「산림령」의 제정으로 대부분의 임야를 국유지로 강제적으로 편입시켜, 일본인 자본가 · 이민자들에게 대부 · 양여 · 매각하였다.

특히 토지조사사업의 시행과 더불어 1912년 '산림산야급간지국유사유구분표준森林山野及墾地國有私有區分標準'을 정해 토지조사사업에 따라 사유로 인정하지 않은 토지는 모두 국유로 한다고 규정해 방대한 산림 · 산야 · 미간지를 조선총독부 소유로 하였다.

그 결과, 임야소유권 및 경계에 관한 조선인들의 반환 요구, 토지 및 임야 소유권 분쟁을 야기하였다.

이에 조선총독부는 1918년 4월 임야조사위원회관제를 발표했으며, 그해 5월에 「임야조사령」을 공포해 실지 조사에 의한 임야조사사업을 실시하였다.

1994년 6월 20일

상용 인터넷 서비스 개시

1994년 6월 20일, KT가 '코넷'이라는 이름의 상업 인터넷망을 일반인들에게 본격적으로 서비스하기 시작하였다. 이로써 아시아권에서는 최초로 우리나라에서 상용 인터넷 서비스가 개시되었다.

코넷은 원래 일부 대학이나 연구기관에서 연구 · 교육용으로 사용되고 있던 것이었으나 상용화를 위해 일반인이 사용할 수 있도록 계정을 내주고 개방한 것이었다. 평균 전송 속도는 1초당 9.6Kbps로 초고속 인터넷의 100분의 1에 불과한 수준이었다.

하지만 일반인도 돈만 내면 인터넷을 사용할 수 있게 됐다는 점에서

기념비적인 사건으로 평가 받고 있다. 같은 해 10월과 11월에 아이네트와 나우콤이 인터넷 시장에 뛰어들면서 인터넷은 그야말로 하루가 다르게 성장하였다.

인터넷은 1969년 9월 미국 국방성이 구축한 'ARPANET'로 출발하였다. 냉전 시대에 미국 국방성은 소련의 핵폭격 상황에서도 작동할 수 있는 컴퓨터 네트워크가 필요하다는 생각에서 미국 4개 지역을 중심으로 네트워크를 구축하였다.

이후 인터넷은 교육 · 연구를 목적으로 비영리로 운영되다 1990년대부터 상업적인 네트워크로 발전하면서 일반인에게 급속히 보급되었고, 20년도 채 안 되는 짧은 기간 동안 세계 역사를 완전히 바꿔 놓았다.

우리나라는 1999년에 인터넷 이용자 수 1,000만 명을 넘어선 뒤 2012년 현재 4,000만 명에 달하면서 세계 최고 수준의 인터넷 강국으로 부상하였다.

1922년 6월 20일

조선 물산 장려회, 평양에서 창립

1922년 6월 20일 우리 토산품의 생산과 사용을 장려하고 우리 기업을 성장시켜 민족독립의 기틀을 마련하자는 목적을 가진 조선 물산 장려회가 평양에서 창립되었다. 이어 1923년 1월 20일에는 서울 낙원동 협성학교에서도 창립되었다.

발기인들은 음력 정월 초하루부터 옷과 음식, 일용품 등에서 조선 물건을 사용하기로 결의하고, '남자는 두루마기를, 여자는 치마를 입을 것' '음식은 소금, 설탕, 과일 등을 빼고 조선 물산을 사용할 것' 등을 행동 지침으로 결정하였다.

이 운동은 「조선일보」 「동아일보」의 연이은 보도와 조선청년연합회가 현상 공모한 표어 '내 살림은 내 것으로' '조선사람 조선 것'이 전국적으로 전파되면서 대중의 관심과 참여를 불러 일으켰다. 길거리에서는 '물산 장려'를 외쳐 댔고 학교에서는 국산 교복 착용 운동이 일어났다.

일제는 이를 항일운동의 일환으로 보고 탄압하였고, 토산품값 급등으로 기업과 상인 들만 살찌우고 일반 서민들은 더욱 궁핍해지는 예상치 못한 결과도 나타났다. 운동의 한 축을 담당했던 사회주의자들도 프롤레타리아 계급의 생활 향상과는 무관하다며 비판하고 나섰다.

결국 조선 물산 장려회는 1934년부터 재정난을 겪다가 1940년경에 조선총독부에 의해 해체되었다.

* 1923년 1월 20일 '조선 물산 장려회 창설' 참조

6월의
모든 역사

6월 21일

■
·
·
·
■

668년 6월 21일

신라 김유신, 고구려를 정벌하다

원술은 김유신의 둘째 아들로 당나라와의 싸움에 참가하였다. 그러
나 전쟁에서 패하고 돌아오자 김유신은 지고 돌아온 아들의 처분
을 엄격히 하였다.

"원술은 왕명을 욕되게 했고, 전장에 나아가 물러서지 않는다는 가
훈을 어겼으니, 당연히 목을 베어야 한다."

왕은 원술을 용서해 주라고 명령하였으나, 김유신은 그리하지 않았
다. 이후 원술은 너무나 부끄러워 집에 돌아오지도 못하고 산속으
로 들어가 버렸다.

660년 백제를 멸망시킨 신라와 당은 그 탄력을 이용해 고구려까지 무너뜨리려 하였지만, 고구려는 백제와는 수준이 달랐다. 연개소문이 버티고 있는 한 고구려는 철옹성이었다. 하지만 잦은 전쟁으로 고구려의 기력도 눈에 띄게 떨어지고 있었다.

그렇지만 고구려의 진정한 위기는 내부에서 찾아왔다. 666년 5월 강력한 카리스마로 고구려를 이끌어 왔던 연개소문이 사망했던 것이다.

연개소문은 자신이 죽은 뒤 불어올 후폭풍을 예견하였던지, 세 아들에게 "너희 형제들은 고기와 물처럼 화목하고, 절대로 벼슬을 놓고 다투지 말라."는 유언을 남겼다.

연개소문이 죽은 뒤 장남 연남생이 권력을 승계했다. 그러나 동생인 남건과 남산 사이에 틈이 벌어졌다. 이때 마침 남생이 지방에 순시를 나갔었는데, 남건은 평양에 있는 남생의 어린 아들 헌충을 죽이고 자신이 수상 격인 대막리지에 올랐다.

반역자로 몰린 남생은 옛 서울인 국내성으로 들어가 큰아들 헌성을 당나라에 보내 구원을 요청하였다. 그에게는 동생들에 대한 불타는 복수심만이 전부였다. 기회만 엿보던 당나라에게는 실로 호박이 넝쿨째 굴러 들어온 격이었다.

당 고종은 즉각 원정군을 편성해 이후 계속적으로 고구려를 괴롭혔다. 한편 연개소문의 동생인 연정토도 신라에 투항하였다. 남생에 이은 또 하나의 핵폭탄급 재앙이었다. 이제 고구려는 이빨과 발톱마저 다 빠져 버린 늙은 호랑이나 마찬가지였다.

667년까지 파상적인 공격을 가하며 평양을 위협하던 당나라는 668년 정월부터 전면적인 고구려 공격에 들어갔다. 이세적이 이끄는 당군은 부여성에 초점을 맞춰 집중적으로 공략하였다. 이곳이 함락되자 수십 개의 주변성들은 싸워보지도 않고 우르르 무너졌다.

남건이 부여성을 구원하고자 5만 명의 군사를 보냈지만 이세적에게 대패하였다. 이세적은 계속 진군하여 대행성을 점령하고, 갈라졌던 다른 군대와 이곳에서 합류하여 압록강에 이르렀다. 당군의 말발굽 소리는 점점 더 평양성을 향해 내려갔다.

그해 6월, 당 고종은 유인궤를 보내 신라에게도 군대를 일으킬 것을 요청했다. 그러자 6월 21일 문무왕은 대총관에 김유신을 임명하고 20만 대군을 일으켜 평양성으로 떠나도록 명령을 내렸다. 그러나 김유신은 때마침 풍風을 앓는 바람에 경주에 머물렀다.

김유신이 경주에 남게 되자, 문무왕의 동생인 김인문과 김유신의 동생인 김흠순이 실질적인 지휘를 맡게 되었다. 남겨진 김유신은 다음과 같이 군사들을 격려하였다.

"지금 우리 신라는 충신忠信으로서 존재하고, 백제는 오만으로 망하였으며, 고구려는 교만으로 위태롭게 되었다. 이제 우리의 정직함으로 저편의 왜곡을 친다면 뜻대로 될 수 있을 것이다."

7월 16일 한성주를 출발한 신라군은 평양성의 외곽에서 당군과 합류해 마침내 고구려를 멸망시켰다.

* 676년 4월 5일 '신라, 삼국을 통일하다' 참조

1923년 6월 21일

조선야구협회 창립

1901년 YMCA 개척 간사로 한국에 파송된 미국인 선교사 필립 질레트는 1903년 황성기독교청년회를 설립했고, 1905년에는 청년회 회원들에게 서양식 공놀이인 야구를 가르치기 시작하였다.

-『대한체육사』

야구를 국민에게 널리 보급하여 체력 향상과 명랑한 기풍을 진작시키고자 1923년 6월 21일 조선중앙기독교청년회 회관에서 조선야구협회가 창립되었다.

당시 운동계의 중진으로 활약하던 윤치영 · 이원용 · 허성 · 이석찬 · 유용탁 등이 발기인으로 참여하였으며, 허성을 초대 회장으로 선출하였다.

이후 조선야구협회는 일제 탄압으로 울분을 삼켜야 했던 조선인들에게 야구 경기를 통해 즐거움을 선사하였고, 아울러 우수한 선수를 양성하여 국위 선양을 도모하였다.

하지만 협회는 1938년 일본인들이 만든 조선체육협회에 흡수당하였다. 광복과 더불어 1945년 10월 5일 조선야구협회가 새로이 설립되면서 갱생의 기초를 닦았고, 1946년 대한체육회에 가맹하였다.

1954년 10월 조선야구협회는 명칭을 대한야구협회KBO로 개칭하였고, 12월에는 아시아야구연맹에 가입하였다.

협회는 광복 이후 1946년 청룡기중학야구선수권대회, 1947년 황금

사자기대회, 1949년 화랑기대회 등을 개최하면서 야구가 인기 스포츠로 자리매김하는 데 큰 역할을 하였다.

1971년 1월에는 대한연식야구협회와 통합하여 명실공히 대한민국 아마추어 야구를 대표하는 유일한 단체가 되었다.

1962년 6월 21일

대한무역진흥공사 설립

1962년 6월 21일 「대한무역진흥공사법」이 제정 · 공포되었다. 이에 따라 산업자원부 산하에 우리나라의 무역 진흥 등을 담당하기 위한 정부투자기관으로 대한무역진흥공사가 설립되었다. 약칭으로 코트라 KOTRA라고 불린다.

대한무역진흥공사는 뉴욕 · 홍콩 · 로스앤젤레스 · 방콕에 해외 무역관을 동시에 설치하면서 발족하였다. 이후 무역업계의 해외시장 진출을 선도 · 지원하는 과정에서 무역의 양적 확대와 질적 발전을 뒷받침해 왔으며, 정부 통상 정책의 입안과 실천을 지원하였다.

그리고 현재는 해외시장 정보의 수집과 전달, 해외시장 개척 및 거래 알선, 우리나라 상품의 해외 전시 및 홍보 등을 담당하고 있다.

대한무역진흥공사는 우리나라 무역의 증진과 더불어 더욱 발전하였으며, 1995년 8월에는 대한무역투자진흥공사로 명칭을 변경하였다.

2011년 1월 현재 5본부 3실에 처, 단, 팀, 센터가 총 26개이며 690여 명의 인력이 일하고 있다. 해외에도 11개 지역총괄이 있다.

6월의
모든 역사

6월 22일

2004년 6월 22일

가나무역 직원 김선일,
이라크 무장 단체에 피살되다

"제발 나는 죽고 싶지 않다."

-김선일

2003년 4월 30일 노무현 정부는 이라크의 공병 지원과 의료 지원을 위해 300명 규모의 서희부대와 제마부대를 파병하였다.

2004년 2월에는 이라크의 평화 재건을 목적으로 한 3,000명 규모의 자이툰 부대가 창설되어 이라크 북부 쿠르드 족 자치 지역인 아르빌로 파병을 준비 중에 있었다. 당시 이라크 파병에 대한 반대 여론이 높았음에도 불구하고, 정부는 6월 초, 국가안전보장회의 상임위에서 이라크 파병 계획을 확정지었다.

김선일은 한국외국어대학교 아랍어과를 졸업한 뒤, 미군에 각종 물품을 제공하던 한국 군납업체인 가나무역에 입사하였다. 그는 2003년 6월 15일부터 이라크로 가서 현지 근무를 하였다.

김선일은 2004년 5월 31일 이라크 바그다드에서 200여 km 떨어진 미군 리브지 캠프에 이라크 직원 1명과 트럭을 타고 출장을 갔다가 돌아오던 중에 이라크 무장 단체에게 납치당하였다.

6월 21일 오전 5시, 카타르의 민영 방송사인 알자지라는 가나무역 직원 김선일의 피랍 테이프를 처음으로 방송하였다. 이 방송을 통해 이라크의 무장 단체 알 타우히드 왈 지하드는 "24시간 내에 한국군이 철군하지 않으면 인질을 참수하겠다."고 위협하였다.

이 사건이 벌어지자 정부는 21일 오전 8시 국가안전보장회의를 개최해 "이라크에 파병하는 것은 평화와 재건을 위한 것"이라고 입장을 정리하고, 즉각 각종 루트를 총동원해 김선일의 무사 석방을 위한 교섭을 벌였다.

이라크 무장 단체는 정부 측과 진행한 석방 교섭에서 우리 정부가 수용할 수 없는 파병 철회와 관련한 요구를 전달하였다. 하지만 이것이 수용되지 않자 김선일을 처형하였다. 김선일은 22일 밤 10시 이라크

바그다드에서 팔루자 방향으로 35km 떨어진 지점에서 싸늘한 시신으로 발견되었다.

국가안전보장회의는 김선일의 사망 소식을 접한 직후인 23일 오전 2시 상임위원회를 긴급 소집해 대책 마련에 나섰다. 한국인이 이라크 무장 세력에 납치되어 피살된 것은 처음인지라 이 사건은 한국뿐 아니라, 세계 언론의 주목을 받았다.

사건이 발생한 뒤, 한국에서는 이라크 추가 파병을 반대하는 시위가 잇따랐다. 또 살해되기 전, 석방 교섭 과정에서 취한 한국 정부의 대응력에 문제점이 있었다는 사실이 알려지면서 전반적인 외교력 부재라는 비난이 쏟아지기도 하는 등 전 국민의 분노를 불러 일으켰다.

한편 이 사건으로 김선일의 유가족은 대한민국을 상대로 손해배상 청구소송을 제기하였다.

하지만 2007년 김선일의 피살 과정에서 국가의 과실 또는 불법 행위는 없었다는 원고 패소 판결이 내려졌다.

1881년 6월 22일

고종, 각종 도고 행위를 금지하다

조선시대에 상품을 매점매석하여 독점을 통해 폭리를 취하는 조직을 도고라 불렀다. 도고는 그 성격상 관청을 배경으로 하는 관상도고와 개인의 부를 기반으로 독점을 누리는 사상도고로 나눌 수 있다.

관상도고 중에는 시전상인이 유명한데, 이들은 조정이 부여해 준 금난전권禁亂廛權을 바탕으로 독점권을 행사하였다. 조선이 건국할 때, 지금의 종로에 설치한 시전에는 정부의 허가를 받은 시전상인만이 입주할 수 있었다. 이곳을 통해서만 물품을 구입하거나 판매하는 것이 가능하였다.

따라서 생산자와 소비자가 직접 거래를 하는 것은 불법이었다. 대신에 시전상인은 정부에 관청의 수리비용 같은 세금을 내는 것으로 그 대가를 지불하였다.

시전상인들에 의한 거래의 독점은 자연히 물가의 상승을 부채질하였다. 이것은 특히 빈민층들의 삶을 고통스럽게 만들었다. 그런데 조선 후기에 가면 난전이 우후죽순처럼 생겨나 시전상인들을 위협하였다.

난전亂廛이란 '어지럽게 세워진 가게'라는 뜻인데, 시전상인들은 이 난전을 금지할 수 있는 금난전권으로 이들을 막으려 하였다. 하지만 이미 난전은 거센 흐름을 탔고, 조정 또한 서민들의 생계가 달려 있는 난전을 무조건 금지하기는 어려웠다.

이에 1791년 정조는 신해통공을 발표하여 육의전을 제외한 시전의 금난전권을 폐지하였다. 이로써 조선 후기 상업은 더욱 강한 엔진을 달게 되었다. 지금 남아 있는 옛 화폐의 대부분이 상평통보라는 사실은 이 시기 상업의 발달을 웅변해 준다.

이렇게 신해통공으로 난전이 더욱 활기를 띠자, 더욱 큰 자본과 전국적인 조직망 등을 갖춘 사설 상인이 등장하기 시작했다. 서울의 경강상인, 개성의 송상, 의주의 만상, 동래의 내상 등은 당시 전국을 주름잡던 사상도고들이었다. 이들은 상품을 대량 구입하여 창고에 저장하였다가 가격이 오를 때 판매해 막대한 이윤을 취하였다.

전국에 거미줄처럼 깔린 조직을 통해 이들은 물량의 출하나 물가의 고저 등에 대한 정보를 입수하여 상황 변화에 신속히 대처하였다. 또한 조정의 관리들과도 결탁하여 영업상의 장애물들을 미리미리 제거하였다. 이 과정에서 사상도고들은 독점 행위를 통해 더욱 부를 축적해 나갔다.

대표적인 사건이 1833년 서울에서 일어난 '쌀 소동'이다. 경강상인들이 가격을 올리기 위해 쌀을 풀지 않자 서울의 빈민들이 폭동을 일으켜 미곡전을 불태워 버린 것이다.

하지만 이런 타격 속에서도 사상도고는 계속 유지되었다. 그러나 결국 1881년 6월 22일에 이르러 고종은 각종 도고 행위를 금지하라는 명령을 내렸다.

1965년 6월 22일

「한일기본조약」이 정식으로 조인되다

1965년 6월 22일 「한일기본조약」이 정식으로 조인되어 양국 간의 국교 정상화가 이루어졌다.

한국의 외무장관 이동원, 한일회담 수석대표 김동조와 일본 외무장관 시이나 에쓰사부로, 수석대표 다카스기 신이치는 일본 수상관저에서 「대한민국과 일본국 간의 기본관계에 관한 조약」과 이에 부속된 4개의 협정 및 25개의 문서에 서명 조인하였다.

1952년 2월 15일부터 이승만 정부와 일본 정부 사이에 한일회담 본회담이 시작된 이래 14년 만이었다. 회담이 타결될 것이라는 소식이 전해지자 국내에서는 학생을 비롯한 많은 사람들이 한일회담 반대 시위에 참여하였다.

그러나 근대화 자금이 필요했던 한국과 한국 진출을 원했던 일본 자본, 그리고 미국의 강력한 종용으로 회담 타결은 급진전되었다.

「한일기본조약」은 양국간 외교-영사 관계를 개설하고 한일합병 및 그 이전에 양국 간에 체결된 모든 조약 및 협정이 무효임을 확인하였으며, 일본 측은 대한민국 정부가 한반도에 있어서 유일한 합법정부임을 인정하였다.

일본은 한국에 3억 달러의 무상자금과 2억 달러의 장기저리 정부차관 및 3억 달러 이상의 상업차관을 공여하기로 합의하였다.

그러나 청구권 문제 · 어업 문제 · 문화재 반환 문제 등에서 한국 측이 지나치게 양보했다는 논란이 국내에서 크게 일어났다.

* 1964년 6월 3일 '6 · 3 사태가 발생하다' 참조

▬

2004년 6월 22일

대각국사 의천이 목판 인쇄한 '교장' 첫 공개

▬

2004년 6월 22일 대각국사 의천이 1094년부터 1097년에 걸쳐 흥왕사 교장도감에서 제작한 「교장」 원본 사진이 처음으로 공개되었다.

「교장敎藏」이란 불교 경전 연구서를 말하는 것으로 대장경류와는 다르며, 그동안 의천의 「교장」은 '속장경'으로 잘못 불려왔다.

「교장」

의천의 「교장」은 11세기 말부터 12세기 초에 이르는 송·요 등 동아시아 각국에서 수집한 불교 각 종파의 경전 연구서를 목판 인쇄해 간행한 것이다.

의천이 간행한 「교장」으로 현재 남아 있는 원본은 일본 나라 지역 화엄종 대본산인 도다이지에 40권, 도쿄 다이도큐 문고에 1권뿐이다.

국내에서는 전란에 모두 소실되고 조선 세조 대 간경도감에서 간행한 중수본 등 원본을 필사해 재간행한 20여 종만이 남아 있다.

1973년 6월 22일

우리나라 최초의 현수교, 남해대교 개통

1973년 6월 22일 경남 남해군 설천면 노량리와 하동군 금남면 노량리를 잇는 남해대교가 개통되었다. 이로써 우리나라에서 3번째로 큰 섬인 남해가 비로소 육지와 연결되었다.

남해대교는 1968년 5월에 착공해 총 공사비 18억 7,000만 원을 들여 5년 만에 완공되었으며, 길이 660m, 폭12m에 이르는 우리나라 최초의 현수교이다. 현수교는 도로를 지지하는 케이블이 설치된 다리를 말한다.

남해대교는 인구 14만 명의 남해를 육지와 연결시켜 한려해상국립공원 지역과 남해도 전체의 개발에 이바지하였다. 이 다리로 인해 남해섬의 화방사, 용문사, 상주 해수욕장 등 관광지가 크게 각광을 받게 되었다.

6월의
모든 역사

6월 23일

.
.
.

1894년 6월 23일

대한제국, 군국기무처를 설치하다

1. 국내외 공 · 사문서에 개국기년開國紀年을 쓴다.

2. 청국과의 조약을 개정하고 각국에 특명전권공사를 다시 파견한
다.

3. 양반과 상인의 차별을 없애 귀천에 관계없이 인재를 등용한다.

4. 문 · 무관의 높고 낮은 구별을 폐지한다.

5. 죄인 외에 친족에게 연좌緣坐 형률을 시행하지 않는다.

6. 처와 첩 모두에게 아들이 없을 경우에만 양자를 들이게 한다.

7. 조혼을 엄금한다.

8. 과부의 재가는 귀천을 막론하고 자신의 의사대로 하게 한다.

9. 공 · 사노비에 관한 법을 일체 폐지하고 사람을 사고파는 일을
금지한다.

10. 평민이라도 나라에 이롭고 백성에게 편리한 의견을 군국기무
처에 글로 제기하면 회의에서 논의한다.

-군국기무처 처리 법안 10개조

1894년 6월 23일 일본공사 오토리 게이스케는 조선을 개혁한다는 명분을 내걸고 일본 군대를 동원, 고종을 협박하여 군국기무처를 설치하는 데 성공하였다. 총재관에는 김홍집이 임명되었으며 17명의 위원과 2명의 서기를 두었다.

동학혁명운동 진압을 빌미로 군대를 서울에 주둔시킨 일본은 조선 내에서 청淸의 세력을 밀어내고 조선의 식민지화를 촉진하기 위해 내정개혁을 요구하였다. 본국으로부터 훈령을 받은 오토리는 1894년 6월 1일 5개조의 내정개혁안을 제시한 바 있다.

개혁안은 시행기한까지 정해져 있었으며, 정치 · 경제 · 재정 · 군사 · 경찰 등 전면에 걸친 제도 개편을 담고 있었다.

이에 고종이 일본의 요구를 거부하고 자주적인 내정 개혁을 시도하자 오토리는 1개 연대 이상의 일본 군대를 동원하여 경복궁을 포위하고 고종을 협박하여 6월 23일 군국기무처를 설치한 것이다.

군국기무처는 먼저 중앙관제를 개혁하여 크게 궁내부와 의정부로 나누었다. 의정부 밑에 8아문을 설치하고, 의정부에는 총리대신을 두어 행정수반으로 삼았으며, 궁내부와 각 아문의 장관을 대신, 차관을 협판이라 하였다.

군국기무처는 행정 · 사법 · 경제 · 재정에 관한 일체의 규칙은 물론, 학교 · 군정 · 식산 · 흥업에 관한 안건을 심의 결정하였는데, 의결은 다수결로 처리하였다. 또한 군국기무처는 고문이 된 일본공사에 의하여 조종되었고, 왕권이나 정부보다도 막강한 권력을 행사하였다.

군국기무처의 의결로 청과의 조약은 일체 폐기하고, 개국기년을 사용하였다. 또한 과거제 폐지, 노비 제도 타파, 조혼 금지, 과부 재가 허용, 연좌제 철폐 등 혁신적인 개혁을 실시하였다.

하지만 이와 함께 일본인 고문관과 군사교관 초빙, 일본 화폐의 국내 통용, 일본식 화폐 제도의 도입, 방곡령 발포 금지 정책을 의결하여 일본 제국주의의 침략을 묵인하기도 하였다.

군국기무처는 설치 이후 초기 3개월 만에 208건의 법안을 의결하였으며, 그해 12월에 폐지되었다.

—

2009년 6월 23일

세브란스 병원, 국내 최초로 존엄사 시행

—

2009년 6월 23일 오전 10시 21분, 연세대 세브란스 병원에서 77세 김아무개 할머니의 목 성대 안까지 들어와 있던 인공호흡기를 주치의가 1년 4개월 만에 제거하였다.

순간 김 할머니의 호흡이 흔들렸지만, 이내 스스로 숨을 내쉬고 들이마시기 시작하였다. 정상적인 호흡 여부를 가늠하게 하는 '산소 포화도'도 정상 범위인 90%를 넘긴 92~93%를 가리키고 있었다. 혈압도 105~80으로 거의 정상 범위였다.

이로써 우리나라에서 처음으로 '존엄사'가 시행되었다. 존엄사란 보통 인간으로서 지녀야 할 최소한의 품위와 가치를 지키면서 죽을 수 있게 하는 행위를 뜻한다.

김 할머니는 2008년 2월 폐암 여부를 확인하기 위해 기관지 내시경 검사를 받다가 과다 출혈로 뇌손상을 입어 식물인간 상태에 빠졌다. 그 뒤 1년 4개월 동안 이 병원 호흡기내과 중환자실에서 인공호흡기에 의존해 생명을 이어왔다.

가족들은 '더 치료될 가능성이 없는 상황에서 연명 치료를 하지 않는 것'이 평소 김 할머니의 뜻이라며 '할머니를 존엄사시켜 줄 것'을 병원 측에 요구하였다. 하지만 병원 측에서 이것을 거부하자 병원 측을 상대로 소송을 제기하였다. 그리고 2009년 5월 21일 대법원에서 '연명 치료 중단' 판결을 받았다.

이에 병원 측은 "인공호흡기를 제거하라는 판결에 따랐고, 나머지 치료는 계속될 것"이라고 밝혔다. 김 할머니는 산소마스크가 제거된 지 201일 만인 2010년 1월 사망하였다.

한편 유족 측은 내시경 검사의 설명 의무를 다하지 않은 세브란스 병원을 상대로 소송을 제기하였다.

그 결과, '의사가 직접 환자에게 문제점을 알려줘야 한다'는 설명 의무 원칙을 병원 측이 어겼다며 유족 측에 4,000만 원 배상 판결이 내려졌다.

—

1973년 6월 23일

박정희 대통령, '6 · 23 외교 선언' 발표

—

1973년 6월 23일 박정희 대통령은 대한민국의 평화통일 및 개방 · 선린 외교를 표방한 특별 성명을 발표하였다.

1970년대에 이르러 정부는 국력 신장을 바탕으로 자주 국방을 추구함과 동시에 한반도의 평화 정착을 이룩하기 위해서 대북 교섭을 추구하였다.

그 일환으로 1973년 남북 대화가 진행되는 가운데, 남북한의 유엔

동시 가입과 호혜 평등의 원칙하에 모든 국가에 대한 문호 개방을 주 내용으로 하는 '6 · 23 평화통일외교선언'을 발표한 것이다.

그 구체적인 내용은 다음과 같다.

첫째, 조국의 평화통일을 성취하기 위해 모든 노력을 계속 경주한다.

둘째, 남북한은 서로 내정에 간섭하지 않는다.

셋째, 남북 대화의 구체적 성과를 위해 성실과 인내로 모든 노력을 기울 인다.

넷째, 긴장 완화를 위해서는 북한의 국제기구 참여를 반대하지 않는다.

다섯째, 통일에 방해가 되지 않으면 남북한 유엔 동시 가입을 반대하지 않 는다.

여섯째, 호혜평등의 원칙 아래 모든 국가와 서로 문호를 개방한다.

일곱째, 평화선린을 기본으로 한 대외정책으로 우방국들과의 기존 유대를 공고히 한다.

'6 · 23 선언'은 국제적 화해 조류에 발맞춰 폐쇄적인 외교 노선을 탈 피하고자 하는 남한의 바람을 담았다는 긍정적인 평가를 받았다. 하지 만 북한에서는 1972년에 발표한 '7 · 4 남북 공동성명'의 통일 원칙에 서 후퇴하여 한반도에 2개의 정부를 인정함으로써 분단을 영구화시키 는 것이라는 비난을 하였다.

이에 북한은 '6 · 23 선언' 발표를 구실로 이후 남북 대화의 중단을 선언하였다.

* 1972년 7월 4일 '남북한, 7 · 4 남북 공동성명 발표' 참조

―

1920년 6월 23일

조선교육회 설립

―

3 · 1 운동 이후 일제가 문화정치를 표방하자 민족지도자들은 조선인의 교육 문제를 연구하고 교육운동을 지도하는 통일된 기구의 필요성을 제기하였다.

이에 이상재 · 한규설 등의 주도로 91명의 발기인이 참여하여 1920년 6월 23일 안국동 윤치소의 집에서 조선교육회를 출범시켰다.

조선교육회는 한규설의 건물을 기부 받아 수표정 42번지에 회관을 마련하였으며, 교육제도의 개선과 교육사상의 보급 등을 위해 힘쓰기로 하였다.

하지만 조선교육회는 조선총독부의 인가를 받지 못하였기에 정치성을 배제하고 1922년 1월 24일에 '조선교육협회'로 개칭하였다.

이후 조선교육협회는 민족 교육 운동과 민립 대학 설립 운동을 주도하였지만 일제가 '경성제국대학령'을 발표하여 민립 대학 모금 운동을 방해하였다.

그 뒤 1927년 신간회의 결성으로 조선교육협회는 해체되었다.

2009년 6월 23일

한국은행, 5만 원 권 지폐 유통

2009년 6월 23일 오전 6시부터 한국은행이 5만 원 권 신권 발행을 시작하였다.

1만 원 이상 고액 지폐가 등장한 것은 1973년 6월의 1만 원 권 이후 36년 만에 처음이었다. 이에 은행과 우체국 등 금융기관에서는 5만 원 권을 구하려는 인파로 북새통을 이루었다.

5만 원 권은 가로 154mm, 세로 68mm로, 황색 계열의 색상이었으며, 신사임당 초상이 들어갔다.

이날 하루 동안 금융기관 인출 및 한국은행 창구에서의 화폐 교환 등으로 모두 1조 6,462억 원어치의 5만 원 권이 발행되었다. 이는 5만 원 권 3,292만 4,000장이 시중에 공급됐다는 의미였다.

5만 원 권은 발행 3년 만인 2012년에 처음으로 발행 규모에서 1만 원 권을 앞질렀다.

6월의
모든 역사

6월 24일

1780년 6월 24일

연암 박지원, 압록강을 건너다

사공이 힘껏 노를 젓자 배는 별이 흐르듯 빨리 달린다. 정신이 아찔한 것이 마치 하룻밤을 새운 듯한 착각이 든다. 통군정의 기둥과 난간이 빙빙 돌고 멀리 모래밭에 전송 나온 사람들이 가물가물 꼭 콩알만하게 보인다. 배는 어느덧 강변에 닿았다. 갈대는 마치 싸 놓은 듯 얽혀서 땅바닥이 보이질 않는다. 하인들이 앞다투어 내려가 갈대를 베어내고는 서둘러 배에 있는 방석을 걷어다 그 자리에 깔려고 한다. 그러나 갈대의 뿌리가 창끝처럼 뾰족한데다가 진흙투성이라 정사를 비롯한 모든 이들이 그냥 갈대 속에 서 있을 수밖에 없었다.

-박지원,『열하일기』

아침을 먹은 뒤 나는 혼자서 먼저 말을 타고 떠났다. 말은 자줏빛 털에 흰 이마, 날씬한 다리에 높다란 발굽, 매끄러운 머리에 짧은 허리, 거기에다 두 귀가 쫑긋한 폼이 참으로 1만 리를 달려도 끄떡없을 듯싶다. 마부인 창대가 앞에서 경마를 잡고 하인 장복이 뒤를 따랐다. 안장에는 주머니 한 쌍을 달아 왼쪽엔 벼루를, 오른쪽엔 지필묵과 이정을 적을 종이 한 묶음을 넣었다. 짐이 이렇게 단출하니 아무리 수색이 엄한들 걱정할 일이 없다.

연암 박지원의 역작 『열하일기』는 1780년 6월 24일 압록강을 건너는 장면부터 그 이야기가 펼쳐진다. 윗글은 바로 그 장면의 일부분인데, 그의 짐 보따리에는 주로 글을 쓸 도구만 갖춘 것을 알 수 있다.

즉 그는 청나라에 가면 그곳에서 보고 들은 사실들을 여행기로 남길 만반의 준비를 하고 있는 것이다. 그렇게 하여 그는 압록강을 건너 이곳저곳을 돌아다니다 다시 북경으로 돌아오는 두 달 동안의 체험을 날짜순으로 자세하게 정리하였다. 그리고 여기에 자신의 소감과 논평을 덧붙여 세상에 모습을 드러내니 바로 『열하일기』의 탄생이다.

박지원은 어려서 부모를 잃는 바람에 할아버지 밑에서 자랐다. 그래서인지 박지원은 어려서 제대로 교육을 받지 못하고 자랐다. 그리고 그는 청렴하게 살아온 탓에 늘 가난에 허덕였다.

그는 16세에 동갑인 이보천의 딸을 만나 결혼한 이후에야 비로소 학문을 접하기 시작하였다. 장인인 이보천이 직접 맹자를 가르치고, 홍문관 교리로 있던 동생 양천은 『사기』 등을 가르쳤다.

이미 황경원은 연암의 뛰어난 문장력을 극찬한 바 있지만 시험이란 것이 실력만으로는 되지 않는다는 것을 증명이라고 하듯, 1765년 연암은 처음 응시한 과거에서 떨어지고 말았다. 이후 연암은 과거에 관심을 끊고 학문과 저술에만 몰두하였다.

1768년 연암은 탑골공원 부근으로 이사하였는데, 이곳에 살던 이덕무 · 이서구 · 유득공 등과 학문적인 교유를 가졌다. 또 이 무렵에 홍대용과도 만나 토론을 벌이며 평생의 친구가 되었다. 연암에게 이 시기는 정신적으로 더없이 풍요로웠던 시기였다.

그런데 정조가 즉위해 홍국영의 세상이 되자 노론 벽파에 속했던 박지원은 정치적으로 위기를 맞이하였다. 그는 한성을 떠나 금천의 연암협에 숨어 직접 농사를 짓고 살았는데, '연암'이라는 호는 여기서 유래하였다.

2년에 걸친 도피 생활을 끝내고 연암은 처남 이재성의 집에 한동안 머물렀다. 그런데 이때 꿈에도 그리던 행운이 찾아왔다. 팔촌형 박명원이 청나라 건륭제의 칠순 축하 사신으로 뽑혔는데, 거기에 동행하게 된 것이다. 그동안 자신이 빠져들었던 신학문을 직접 겪어볼 수 있는 좋은 기회였다.

연암 일행은 압록강을 건너 봉황성과 요양, 그리고 산해관을 거쳐 거기서 다시 북경에 도착하였다. 그러나 황제가 열하로 피서를 떠난 탓에 그곳까지 찾아가야만 했다.『열하일기』라는 이름은 여기에서 그 아이디어를 얻은 것이다.

1780년 여름, 열하에서는 축제가 한바탕 벌어졌다. 이른바 '만수절'로 불린 건륭제의 고희 잔치가 그것이었다. 조선을 비롯하여 티베트, 몽골, 러시아, 유구 등 각지에서 몰려 든 축하사절들로 열하의 밤은 뜨겁게 타올랐다.

황제의 이궁인 피서산장 앞은 시장터처럼 북적거렸는데, 누군가의 표현대로 궁궐 안에서는 아시아태평양경제협력체APEC 정상회담이, 밖에서는 만국박람회EXPO가 열린 격이었다.
박지원은 이날의 풍경을 『열하일기』에 생
생히 담았다. 가끔은 이런 여행문이 역사
서를 대신하기도 하는 것이다.

「열하일기」

연암이 청나라에서 돌아온 지 3년 후쯤
『열하일기』를 발간하자 장안의 화제가 되
었다. 책에 대한 평가는 찬반양론으로 엇갈렸다. 그토록 벼슬길과는 담
을 쌓았던 연암도 50세 되던 1786년에 선공관 감역이라는 말단 관리가
되었다.

그러나 평생을 그의 곁에서 고생만 하던 부인이 그만 이듬해에 세상
을 뜨고 말았다. 연암의 애통함은 이루 말할 수 없어 그는 아내를 가슴
에 묻고 평생 재혼을 하지 않았다. 양양부사를 마지막으로 관직에서 은
퇴한 연암은 1805년 눈을 감았다.

1976년 6월 24일

구마고속도로 착공

1976년 6월 24일 대구와 마산을 연결하는 구마고속도로가 착공식을
갖고 공사를 시작하였다. 그리고 착공한 지 1년 6개월여 만인 1977년
12월 17일, 총건설비 244억 1,900만 원을 들여 2차로로 준공되었다.

총 길이 48km의 구마고속도로는 공업지역인 내구에서 마산, 진주,
하동 등지에 이르는 차량의 운행 거리를 크게 단축시키고, 영남과 호남
을 1일 생활권으로 묶는 효과를 가져왔다.

또 대구, 구미의 공업지역과 마산, 창원의 공업지역을 직접 연결함으로써 수송의 편익을 크게 높이는 한편, 낙동강 유역의 농업 개발 촉진에도 기여하였다.

이후 구마고속도로는 여러 차례 공사를 거쳐 2006년 12월 5일에는 옥포 분기점~화원요금소 구간을 왕복 10차로로 확장, 개통하였다.

2008년 1월 3일에는 중부내륙고속도로지선으로 명칭이 변경되었다.

1910년 6월 24일

대한제국, 일제에 의해 경찰권 완전 박탈

1910년 6월 24일 '한국의 경찰사무 위탁에 관한 각서'가 조인됨에 따라 대한제국의 경찰권이 일본에 의해 완전 박탈당하였다.

우리나라의 경찰 제도는 고려 때 2군 6위, 조선 때 순군만호부 · 포도청으로 이어지다가, 갑오개혁 때 내무아문 소속의 경무청이 신설되면서 근대적인 형태를 갖추었다. 1907년에는 경무청이 경시청으로 개칭되었다.

경찰권이 일제에 이양된 이후에는 통감부 경찰서 관제에 따라 통감부 직속으로 경찰통감부가 설치되었다. 통감부 경무총감은 한국 주둔 일본 헌병사령관이 겸임하였고, 각 도 경무부장 역시 각 도 헌병대장이 겸임함으로써 헌병경찰제가 시작되었다.

해방 이후에는 미 군정청의 경무국이 경찰 업무를 담당하다가 1948년 대한민국 정부 수립 후 내무부에 치안국이 설치되었다.

1947년 6월 24일

김구, 신탁통치 반대 운동 전개

1945년 12월 27일 모스크바 3상 회의에 모인 미국, 영국, 소련은 한반도를 신탁통치한다는 결의안을 채택하였다.

이 소식을 들은 백범 김구는 민족·우익 계열의 정치사회단체들을 모아 구성한 반탁독립투쟁위원회를 만들고 1947년 6월 24일 신탁통치 반대 운동을 전국에서 일제히 전개하였다.

이 반탁 시위는 같은 해 8월 말 미소공동위원회가 완전히 결렬될 때까지 극렬하게 이어졌다.

결국 한국에 대한 신탁통치안이 무산되자 한국 문제는 국제연합UN에 이관되었다.

그리고 이듬해 5월 10일 UN의 감시 아래 치른 총선거를 통해 남한만의 단독정부가 수립되었다.

* 1948년 2월 26일 '유엔 총회, 남한에서만 총선거 실시 결의' 참조

6월의
모든 역사

6월 25일

■
·
■

—

1950년 6월 25일

한국전쟁이 발발하다

—

한국의 38선에서 북한군이 일요일 새벽에 모든 전선에 걸쳐 침공
해 왔음을 전함. 현지 시각 9시 30분의 보고로는 서울의 한국군 사
령부에서 북쪽으로 65km 거리에 있는 개성에서 한국군 제1사단
이 9시경 격파되고, 옹진반도의 남쪽 3, 4km에서 한국군이 북한군
과 대치하고 있음. 보고에 의하면 동해안의 강릉 아래에서 20정의
소형 선박들이 바다로부터 상륙하고 있음. 해안도로를 차단했다고
함. 아직 단편적이고 불확실한 것임을 강조해 둠.

-제임스, UP통신 한국 주재 특파원

한반도에서 지난 20세기는 흔히 '악의 꽃'이 만개했던 시대라고 부른다. 21세기에 들어오면서 그 꽃은 부쩍 시들고 말라 가는 것이 눈에 보이지만 국가보안법이라는 오랜 영양제를 맞으며 하루하루를 연명하고 있다. 그럼에도 여전히 그 꽃이 풍기는 독소는 지독하다.

이른바 '레드 콤플렉스'라는 꽃인데, 그동안 수없이 많은 선량한 사람들을 '빨갱이'라는 딱지를 붙여 살상을 가하였다. 이 악의 꽃이 우리 사회에 깊숙이 뿌리를 내리게 된 계기가 바로 한국전쟁이었다. 물론 일제에 부역했던 세력들이 자신들의 죄를 감추기 위해 '레드 콤플렉스'를 일부러 조장한 측면도 있다. 이렇게 보면 '레드 콤플렉스'는 생화이면서 조화이기도 하다.

한국전쟁은 1950년 6월 25일에 정식으로 시작되었지만, 이미 8·15 해방 때부터 그 싹이 트고 있었다. 우리 스스로 쟁취한 해방이 아니라 '도둑같이 찾아온 해방'이었다는 데 문제가 있었다. 해방과 더불어 미국과 소련이 남과 북에 따로 진주하면서 두 지역은 전혀 다른 체제를 건설하였다.

같은 물이라도 젖소가 마시면 우유가 되고 뱀이 마시면 독이 된다는 말이 있다. 마찬가지로 같은 한민족이 남쪽에서는 자본주의로, 북쪽에서는 사회주의로 갈리고 만 것이다. 8·15가 해방이 아니라 분단의 날이라는 비아냥이 나올 만하였다.

후삼국 통일 이래로 오랜 세월을 1민족 1국가로 살아온 우리에게 분단은 정말 충격적인 일이었다. 이는 한민족이라면 누구도 받아들이기 힘든 현실이었다. 때문에 남북한에서는 모두 국민들에게 통일을 부르짖었다. 남한의 이승만은 북진통일을 공언하고, 북한의 김일성은 국토완정론을 외치며 양측 간에 전쟁의 위기감을 조성하였다.

1949년에는 실제로 남북 간에 '작은 전쟁'이라 불러도 좋을 만큼 숱한 교전이 있었다. 여순반란사건 이후 지리산에서는 빨치산 투쟁으로 총소리가 그치질 않았고, 38선에서도 하루가 멀다하고 작은 전투가 벌어졌다.

그러던 차에 중국에서는 1949년 10월 중국공산당이 국민당을 대만으로 몰아내고 중화인민공화국을 세우는 사건이 일어났다. 이는 미국을 당황케 했지만 북한에게는 아주 고무적인 사실이었다. 더구나 중국공산당과 함께 활동했던 조선의용군이 북한으로 귀국하자 북한의 전력은 훨씬 강화되었다.

또 1949년 말에는 미군이 남한에서 철수하였고, 이듬해에는 애치슨 국무장관이 한국을 태평양 지역 방위선에서 제외한다는 폭탄성 선언을 발표하였다. 이러한 일들은 북한의 전쟁 욕구를 충분히 자극할 만하였다.

마침내 북한은 1950년 6월 25일 새벽을 기해 남침을 개시하였다. 3년에 걸친 피비린내 나는 전쟁이 시작된 것이다. 치밀한 준비를 해온 북한군에게 국군은 맥없이 무너졌다. '아시아에서 가장 막강한 규모'라는 칭찬을 받았던 국군이었기에 더욱 허탈하였다.

침공 사흘 만에 수도 서울이 북한군에게 떨어졌다. 상황이 급박하게 돌아가자 유엔은 전쟁 이튿날인 26일 안전보장이사회를 소집하여 '북한군의 즉각적인 전투 행위 중지와 38도선 이북으로의 철수'를 가결하였다. 마침 거부권을 가진 소련 대표가 불참하는 바람에 가능하였다.

그런데 북한은 이상하게도 서울을 점령하고 사흘간이나 머물렀다. 여기에는 남로당원들의 궐기를 기다렸다는 견해도 있고, 제한적으로 서울만을 점령했다는 주장도 있다. 이유야 어떻든 북한군의 서울 체류는 국군에게는 한숨을 돌릴 수 있는 여유를 가져다주었다.

앞서 이승만은 북한군이 서울에 곧 들어올 기미가 보이자 27일 새벽 대전행 특별열차를 타고 서울을 빠져나갔다. 유엔 안보리는 이날 "회원 국들에게 군사공격을 격퇴하고 그 지역의 국제평화와 안전을 회복하는 데 필요한 원조를 대한민국에 제공할 것"을 결의하였다. 국지전이 세계 전쟁으로 발전하는 순간이었다.

맥아더가 9월 15일 '인천 상륙 작전'을 성공시키면서 전쟁의 상황은 180도 바뀌었다. 연합군은 곧 서울을 수복하고 38선을 넘어 북한 지역 을 맹렬히 공격하였다. 미국은 북한을 구석기 시대로 돌리려는 듯 폭격 기를 동원해 완전히 쑥대밭으로 만들었다.

북한의 숨이 끊어질 듯한 찰나에 이번에는 중국이 참전을 결정하였 다. 이로 인해 연합군은 1951년 1.4 후퇴를 단행하게 되고 서울은 다시 북한의 수중에 들어갔다.

이후 일진일퇴를 거듭하던 끝에 전선이 교착상태에 빠지자 7월 10일 휴전회담이 시작되었다. 그러나 휴전선의 위치 설정과 포로송환 문제 로 2년이나 질질 끌다 1953년 7월 27일 비로소 휴전협정이 맺어졌다.

이로써 3년 동안 한반도의 지축을 울렸던 총성과 포성은 멎었다.

* 1950년 9월 15일 '유엔군 인천 상륙 작전 개시' 참조
* 1950년 9월 28일 '서울을 수복하다' 참조
* 1950년 10월 14일 '중국군, 한국전쟁에 참전' 참조
* 1951년 1월 14일 '1 · 4 후퇴' 참조
* 1951년 3월 14일 '국군, 서울 재탈환에 성공하다' 참조
* 1953년 7월 27일 '한국전쟁이 휴전에 들어가다' 참조

1907년 6월 25일

을사조약의 불법성을 알리기 위한
고종 밀사 3명, 헤이그 도착

1905년 11월 제2차 한일협약, 즉 을사조약이 체결되자 대한제국은 외교권이 상실되고 통감부가 설치돼 국권 상실에 대한 위기감이 고조되었다.

그러던 중 고종은 1906년 6월 러시아 황제 니콜라이 2세로부터 네덜란드 헤이그에서 열리는 제2차 만국평화회의 초청장을 받았다.

고종은 이 회담이 을사조약의 불법성과 일제의 대한제국 침략을 세계에 알릴 수 있는 좋은 기회라고 생각하였다. 이에 전 의정부 참찬 이상설, 전 평리원 검사 이준, 주러시아 공사관 참서관 이위종 등 3인을 밀사로 파견하였다.

이들은 1907년 6월 25일 헤이그에 도착하여 각국 대표를 만나 을사조약이 일본의 강압에 의한 것임을 설명하고 호소문을 제출하는 등 최선의 노력을 다하였다. 하지만 이들은 일본의 방해로 회의에 참석조차 하지 못하였다.

결국 7월 14일 이준이 울분을 참지 못하고 분사했으며, 이상설과 이위종은 허탈한 마음으로 7월 19일 헤이그를 떠났다. 더군다나 일본의 압력을 받은 대한제국 정부가 궐석재판을 열어 이상설에게는 교수형, 이위종에게는 종신징역에 처하는 판결을 내림으로써 그들은 귀국도 하지 못하고 외국을 떠돌게 되었다.

헤이그 밀사 사건을 구실로 일본의 사주를 받은 이완용, 송병준 등 친일대신들은 고종의 퇴위를 강요하였고 이에 못 이긴 고종은 7월 19일 순종에게 왕위를 넘긴다는 양위조칙을 발표하였다.

이어 24일에는 정부 부처의 차관을 일본인으로 임명하는 한일신협약(정미7조약)이 조인되었고 27일에는 언론 탄압을 위한 신문지법이, 29일에는 집회와 결사를 금지하는 보안법이 각각 공포되었다. 그리고 31일에는 군대 해산령이 떨어짐으로써 대한제국은 본격적으로 멸망의 길에 접어들었다.

* 1907년 4월 20일 '이상설 · 이준 만국평화회의 참석 차 출국' 참조

—

1995년 6월 25일

대북 쌀 지원 개시

—

극심한 식량난을 겪고 있던 북한이 일본을 통해 남한에 쌀 지원을 요청해 왔다. 이를 남한이 받아들임으로써 대북 쌀 지원이 시작되었다.

1995년 6월 25일에 중국 베이징에서 대한무역진흥공사와 북한 삼천리총회사는 쌀 지원을 위한 실무계약서에 서명하였다. 그리고 즉시 대북 쌀 지원을 위한 남한 쌀 1차 선적분 2,000t을 실은 '씨 아펙스호'가 강원도 동해항을 출발하였다.

남북 분단 45년 만에 처음으로 태극기를 단 남한 국적선이 북한으로 입항하는 역사적인 순간이었다.

원래 출발일은 24일이었으나 북측의 연기 요청으로 하루 늦어진 것이었다. 그러나 북한은 26일 오후 청진항에 도착한 씨 아펙스호에 태극기를 내리고 인공기만을 게양하도록 요구하여 물의를 빚었다.

이에 남한 정부가 북한에 항의하며 북측이 사과할 때까지 2차 지원을 중단한다고 발표하자 북측은 30일 공식 사과하였다.

이후 수송선 3척에 나눠 실은 2차분 8,000t도 7월 4일 목포항과 부산항에서 각각 출항하였고, 10월 초까지 15만t 쌀 지원 사업을 완수하였다.

—

1966년 6월 25일

권투 선수 김기수, 한국 첫 세계 챔피언 등극

—

1966년 6월 25일 밤 10시 20분, 서울 장충체육관에서 우리나라 최초의 프로 권투 세계 챔피언이 탄생하였다. '헝그리 복서' 김기수가 그 주인공이었다.

김기수는 이날 이탈리아의 니노 벤베누티를 2대 1 판정승으로 이기고 세계권투협회WBA 주니어미들급 세계 챔피언에 올랐다. 1960년 이탈리아 로마 올림픽 준준결승전에서 패배한 벤베누티에 대한 멋진 설욕이었다.

김기수는 함경남도 북청에서 태어났다. 그는 1·4 후퇴 때 10세의 나이로 월남하였고, 이후 가난과 싸우면서 여수에서 권투를 배웠다.

경기 전까지 대전료 5만 5,000달러를 구하지 못해 애를 먹었던 그는 박정희 대통령의 지불 보증을 받고서야 경기를 치를 수 있었다. 김기수는 경기가 끝나자마자 경기를 지켜본 박정희 대통령에게 달려갔고 대통령은 손수 챔피언 벨트를 채워 주었다.

챔피언이 된 김기수의 인기는 대단했다. 챔피언 획득 2개월 뒤 그가 주연한 영화 「내 주먹을 사라」가 상영될 정도였다.

하지만 김기수는 1968년 5월 25일 3차 방어전에서 이탈리아의 산드로 마징기에게 1대 2로 판정패해 챔피언 자리에서 물러났다.

1952년 6월 25일

이승만 대통령 암살 미수 사건 발생

1952년 6월 25일은 부산 정치 파동으로 정국이 혼란에 처해 있던 상황이었다. 이날 부산 충무로 광장에서는 '6 · 25 멸공 통일의 날' 기념 대회가 열리고 있었다.

오전 11시, 상해임시정부 행동대 의열단의 단원이었던 유시태가 VIP석에서 튀어나와 이승만 대통령을 권총으로 저격하는 사건이 발생하였다. 다행히도 탄환이 불발함에 따라 사건은 미수에 그쳤다.

유시태는 현장에서 잡히고 배후인물인 김시현도 잇따라 붙잡혔다. 김시현은 6개월 전인 1951년 12월에도 인천형무소장 최양옥에게 이승만 대통령 저격을 제의한 혐의로 당국의 수사를 받은 바 있는 인물이었다.

조사 결과, 김시현과 유시태는 국가를 살리는 길은 이승만을 제거하는 길밖에 없다는 결론을 내리고 거사에 합의했다고 진술하였다.

두 사람은 1953년 12월 사형 언도를 받았다. 하지만 1954년 1월 무기형으로 특사 감형되었고 1960년 4 · 19 혁명으로 풀려났다.

1920년 6월 25일

한국 최초의 월간 종합지 『개벽』 창간

1920년 6월 25일 한국 최초의 종합 월간지『개벽』이 창간되었다.

편집인 이돈화, 발행인 이두성, 인쇄인 민영순으로 창간된 이 잡지는 국한문을 혼용하였으며, 도교를 배경으로 발간된 탓에 일제를 비판하는 글을 많이 실었기 때문에 창간호부터 압수되는 수난을 겪었다.

결국『개벽』은 1926년 8월 72호를 끝으로 강제 폐간되었으며 후에 속간호가 발간되기도 하였다. 평등주의를 바탕으로 한 사회 개조와 민족문화 창달을 표방하여, 민중들에게 자주의식과 자유사상, 독립정신을 크게 고취시켰다.

특히『개벽』은 한국 문학 사상 중요한 역할을 했던 김기진, 박영희, 현진건, 이상화, 염상섭, 최서해 등 사회주의적 또는 동반자 작가적 성향을 지닌 문인들의 초기 작품들을 발표함으로써 문화 창달에 공헌하였다.

6월의
모든 역사

6월 26일

■
∙
■

1949년 6월 26일

김구, 경교장에서 암살당하다

우리 동포가 몸은 38선을 자유로이 넘나들지 못한다 하여, 어찌 마음으로 38선을 용납할 수 있으리오. 미·소美蘇 양국이 자기 멋대로 38선을 고정시키고, 우리의 형제자매를 갈라놓고, 이남에 하나의 정부, 이북에 한 정부를 만들려 하니, '강권의 분열을 스스로의 분열로' '외부의 분열을 내부의 분열'로 만들고자 함이며, '38선을 우리의 염통에 그리고, 뼛속에 새기려는 것이라'. 아! 그뿐이랴. 장차 분열 뒤에 따를 것은 골육상잔骨肉相戰이 올 것이니, 우리 민족의 생존에 더 이상 비참한 위협이 어디 있으리오.

-김구

1949년 6월 26일 일요일 오전, 서울 종로구 평동에 있는 '서대문 경교장' 2층 집무실에서 갑자기 4발의 총성이 울렸다. 육군 소위 안두희가 조국의 독립을 위해 평생을 바친 백범 김구 선생을 저격한 것이었다.

대한민국 임시정부의 주석으로 항일 독립 투쟁을 이끌어온 73세의 노老혁명가 김구는 어이없게도 대한민국 국군 장교의 45구경 권총이 뿜은 총탄에 절명하고 말았다. 백범의 죽음은 한반도 통일 정부 수립을 갈망하던 국민들에게 큰 충격을 주었다.

암살범 안두희는 "선생은 내가 죽였어!"라고 태연하게 말하며 검거에 순순히 응했다. 그는 사건 직후 헌병사령부로 연행되었다. 하지만 그에 대한 조사가 이루어지기는커녕 안두희는 헌병대 의무실에서 보호조치를 받았다.

그리고 백범 피격 5시간 만에 임정계열의 헌병사령관이 춘천 지구로 전격 발령되면서 교체되었다. 특히 특무대장 김창룡이 안두희에게 "안의사, 수고했소."라고 격려하며 술·담배 등을 제공한 사실이 밝혀지면서 이후 배후설에 대한 의혹이 확산되었다. 하지만 이승만 정부는 김구 암살 사건은 안두희의 단독 범행에 의한 것이라고 발표하였다.

김구는 암살될 당시 남한만의 총선거를 주장하는 이승만과 한민당 계열에 반대하고 남북한 통일을 위한 노력을 계속하였다. 이러한 작업의 일환으로 김구는 1948년 4월 19일 38선을 넘어 평양에서 열린 남북조선 제諸 정당 사회단체 대표자 연석회의와 남북요인회담, 김구·김규식·김일성·김두봉의 4자회담에 참석하였다.

하지만 1948년 남북한이 각기 총선거를 실시하고 남한만의 단독 정부가 수립되었다. 그러나 김구는 암살되기 한 달 전까지도 통일정부를 주장하며 이승만과의 합작을 거부하였다.

7월 5일 백범의 장례식은 국민들의 애도가 이어지는 가운데 서울운 동장에서 국민장으로 거행되고 유해는 효창공원에 안장되었다. 그리고 그에게 1962년 건국훈장 대한민국장이 추서되었다.

한편 안두희는 고등군법회의에서 무기징역을 선고받았지만 3개월 후 15년 형으로 감형되었다. 그리고 1950년 한국전쟁이 일어나자 이승 만 정부의 특사 조치로 풀려나 포병 장교로 군에 복귀하였다. 그리고 1951년에 잔형을 면제받고 대위로 전역했으며, 1953년 2월 15일에는 완전 복권되었다.

4 · 19 혁명 이후 김구 선생 살해 진상 규명 위원회가 발족하자 안두 희는 신변의 위협을 느껴 잠적하였다. 그 후 그는 여러 차례 곽태영, 권 중희 등으로부터 응징을 당하기도 하였다.

1994년에는 국회 법사위 백범 김구 선생 암살 진상 조사 소위원회에 서 증인으로 조사를 받았으나 끝내 배후가 있는 조직적이고 계획적인 범행일 가능성에 대해서는 입을 열지 않았다.

결국 심증은 있으되 사건의 배후와 진상규명이 이루어 지지 않은 채 안두희는 1996년 10월 23일 오전 11시 30분경 인천시 중구 신흥동 자 택에서 박기서에게 피살되었다.

그가 죽음으로써 백범 김구의 암살 사건의 진실도 역사 속으로 묻혀 버리고 말았다.

* 1948년 2월 10일 '김구, 남한 단독 정부 수립 반대 성명 발표' 참조
* 1992년 4월 12일 '백범 김구 암살범 안두희, 암살 배후 폭로' 참조
* 1996년 10월 23일 '백범 김구 암살범 안두희 피살' 참조

—

1906년 6월 26일

국내 첫 여성 한글 잡지 『가정잡지』 창간

—

　1906년 6월 26일 상동청년학원 교장 겸 산술 교사였던 유일선이 월간 여성 잡지인 『가정잡지』를 창간하였다.

　『가정잡지』는 우리나라 최초의 한글로 된 여성지로서 50면 내외로 발행되었고, 주로 가정주부를 위한 육아법 · 요리법 및 여성 취향의 기사를 실었다. 또 가정교육의 중요성을 역설하고 가정 미담 등을 실었다.

　이밖에 가정교육과 위생 등을 다루고, '백과강화'란을 두어 산술 · 이과 · 국문 등의 강좌로 신지식을 보급하는 데 힘썼다.

　이 잡지는 단순히 가정 계몽에만 그친 것이 아니라 정치 · 경제 · 사회 · 과학 등 각 분야에 걸쳐 실력을 쌓는 데 있어서 그 단위를 가정에 두어 가정으로부터의 개혁을 시도하였다.

　즉 가정 개혁을 내걸고 신문명을 수용함으로써 실력을 양성하여 우리나라의 독립과 안전에 노력하고자 함을 보여 주었던 것이다.

　『가정잡지』는 1908년 8월 통권 7호를 끝으로 폐간하였다.

1931년 6월 26일

이광수 장편소설 『이순신』,
동아일보에 연재 시작

1931년 6월 26일부터 춘원 이광수가 동아일보에 장편소설 『이순신』의 연재를 시작하였다.

이 소설은 1932년 4월까지 연재되었는데 조선시대 영웅에 대한 이야기지만 일제의 제재 없이 연재를 마칠 수 있었다.

『이순신』은 소설이면서도 군관에서 말단 수병에 이르는 작품 속 등장인물이 모두 실존인물이라는 특징이 있다.

'이순신 대 이순신을 모함한 장수와 대신들'의 대립 구도로 이순신을 미화하면서 당시 조선 관료들을 형편없이 그렸다 하여 친일문학이라는 비판을 받기도 하였다.

2001년 6월 26일

탈북한 장길수 일가족 7명,
베이징 유엔판무관실 진입

1999년 1월 북한 두만강을 넘어 중국 옌지와 다롄 등을 전전하던 장길수의 가족과 친척 7명이 2001년 6월 26일 중국 베이징 주재 유엔난민고등판무관실UNHCR 사무소에 진입하였다.

16세의 장길수는 중국 내에 은신해 오면서 북한 주민들의 참상을 그

림으로 그려 국제사회에 폭로하기도 하였다.

그들은 한국 NGO인 '길수가족 구명운동본부' 문국한 사무국장의 안내를 받아 2~3명씩 세 팀으로 나뉘어 잇따라 7명이 UNHCR 사무실에 들어갔으며, 진입 과정에서 심각한 제지는 받지 않았다. 그들은 북한으로 송환되면 자결하겠다며 한국 망명을 강력히 요청하였다.

결국 그들의 소원대로 UNHCR에서 3일간 머문 후 29일 베이징을 떠나, 싱가포르와 필리핀 마닐라를 거쳐 30일 우리나라에 입국하였다.

6월의
모든 역사

6월 27일

1388년 6월 27일

고려의 최영, 고봉에 유배되다

—

최영과 관련해서 전하는 설화가 하나 있다.

최영에겐 딸이 하나 있었는데, 이미 사랑하는 남자가 있었다. 하지
만 최영은 자기가 직접 사윗감을 고르겠다며 그 남자를 불러 재주
를 시험하였다. 먼저 최영이 목을 잘랐다가 다시 붙여 부활하는 재
주를 보여 주었다. 그러나 딸은 아버지가 다시 살아나면 그 남자와
의 결혼을 반대할까봐 떨어진 목에 재를 뿌렸다.

이 설화는 최영의 신비한 능력과 억울한 죽음을 상징한다. 무당들
은 한이 많아서 저승으로 가지 못한 사람들을 섬기는데, 우리나라
의 많은 신당에 최영의 영정이 걸려 있는 것도 이 때문이다.

학술적으로 규명된 것은 아니지만 많은 사람들이 "최씨가 앉은 자리에는 풀도 나지 않는다."라는 말을 대화 중에 사용하고 있다. 이는 최씨들의 고집이 무척 세다는 다소 부정적인 뜻인데, 원래는 그 의미가 아니었다.

이성계의 쿠데타로 죽음에 몰린 최영 장군은 자신의 지난날을 돌아보며 "내가 평생 탐욕할 마음이 있었다면 내 무덤에 풀이 날 것이되, 그렇지 않다면 풀이 나지 않으리라."고 하였다.

그의 유언대로 고양시에 있는 그의 무덤에는 풀이 자라지 않아 사람들은 이 무덤을 '붉은 무덤紅墳'이라고 불렀다. 그러니까 위에 저 말은 최씨의 청렴함을 강조하는 상징적인 표현이었던 것이다.

최영의 이러한 청렴함은 그냥 얻어진 것이 아니었다. 그는 1316년 최원직의 아들로 태어났는데 어려서부터 몸집이 우람하여 위풍당당하였다. 16세 때에 아버지가 죽게 되었는데, 그는 "아들아, 황금보기를 돌같이 하거라."며 유언하였다. 최영은 이 말을 항상 가슴속에 지니고 재물에 관심을 두지 않았다.

그의 집은 비좁았지만 그곳에 만족하며 살았고, 의복과 음식은 검소함이 지나쳐 어느 때는 굶을 때도 있었다. 그는 남이 살찐 말을 타거나 화려한 옷을 입으면 개나 돼지보다도 못하게 여겼다.

최영은 처음 양광도 도순문사의 휘하에 있으면서 누차 왜구를 사로잡아 그 용맹을 인정받았다. 1352년 조일신의 난을 안우 등과 격퇴하면서 본격적으로 이름을 떨치게 되었다.

이 무렵 원나라는 각지에서 반란군이 들고 일어나 혼란하기 그지없었다. 원나라는 고려에 반란군을 진압할 병력을 파견해 달라고 요청하였다. 이에 고려는 40여 명의 장수와 2,000명의 군사를 보냈는데 최영도 여기에 포함되었다. 그는 선두에 서서 여러 차례 부상을 당하면서도 눈부신 공을 세웠다. 원나라 장수들은 그의 무공에 놀라 모두 입만 떡 벌릴 뿐이었다.

그런데 고려는 두 차례에 걸친 홍건적의 침입으로 서경이 함락되거나 개경이 불타는 위기를 겪었다. 이때 최영은 이성계와 함께 이들을 격퇴해 점차 고려의 기둥으로 자리 잡았다. 그는 또 김용의 반란을 평정하고, 원나라가 덕흥군을 고려의 왕으로 세우기 위해 최유에게 군사 1만 명을 주어 보내자 이를 박살내었다.

하지만 신돈에게 밉보여 죽을 고비도 몇 번을 넘기는 등 그의 삶은 마치 곡예사의 줄타기 같았다. 신돈이 역모를 꾀하다 처형된 후에야 비로소 그는 다시 조정으로 돌아왔다.

우왕 2년(1376)에 대규모의 왜구가 연산 개태사를 침입하자 고려에는 긴장이 흘렀다. 태조 왕건의 영정이 그곳에 모셔져 있기 때문이었다. 급히 원수 박인계가 출동했으나 그만 전사하고 말았다.

이에 최영이 출정을 자청해 잠도 자지 않고 달려가 홍산에 이르렀는데, 지세가 좁고 험하자 모두들 나아가길 주저하였다. 최영이 노구에도 불구하고 몸소 선봉이 되어 돌진하니 왜구들의 목이 추풍낙엽처럼 우수수 떨어졌다.

이때 숲 속에 숨어 있던 왜구가 쏜 화살이 최영의 입술을 맞추었다. 피가 흘렀지만 최영은 얼굴색 하나 변하지 않고 적을 쏘아 쓰러뜨렸다. 이에 기세가 오른 군사들은 앞다투어 왜구를 공격해 대승을 거두었다.

1388년 최영은 온갖 횡포를 다 부리던 염흥방, 임견미 등을 척결하고 문하시중에 올랐다. 명실공히 고려 최고의 권력자가 된 것이다. 그런데 이 무렵 명나라에서 철령위를 설치하여 철령 이북을 직접 다스리겠다는 통보를 해왔다. 고려로서는 도저히 묵과할 수 없는 내용이었다.

우왕과 최영은 이 기회에 선수를 쳐서 요동을 정벌하기로 결정하였다. 여기에 이성계가 소위 '사불가론四不可論'을 내세워 반대를 하고 나섰으나 우왕의 결심을 돌리지는 못하였다. 정벌군을 이끌고 요동으로 떠났던 이성계는 결국 위화도에서 쿠데타를 일으켜 회군을 하고 말았다.

최영은 사태를 수습하기 위해 급히 개경으로 내려갔다. 그러나 이미 정벌군으로 대부분의 고려 군사가 차출되어 딱히 군사를 모을 수도 없었다. 여기저기서 오합지졸 1,000여 명을 끌어 모으긴 했지만 이미 게임은 끝난 상태였다.

곧 최영은 이성계에게 잡히고 1388년 6월 27일 고봉에 유배되었다. 다시 합포와 충주로 옮겨지며 목숨은 구하는 듯했지만 결국 요동을 치려 했다는 죄로 처형되고 말았다.

* 1388년 3월 8일 '최영, 팔도도통사 임명' 참조
* 1388년 4월 18일 '고려의 최영 장군, 요동 정벌에 나서다' 참조
* 1388년 5월 22일 '이성계, 위화도 회군으로 실권을 장악하다' 참조

1469년 6월 27일

봉선사 완성

1469년 6월 27일 세조의 정비正妃 정희왕후 윤씨가 운악사를 89칸 규모로 중창하여 봉선사를 완성하였다.

운악사는 고려 광종 때인 969년 법인국사 탄문이 한국의 5대 명산으

로 이름난 운악산 아래에 창건한 절이었다. 원래는 규모가 작은 절이었으나 정희왕후가 세조의 위업을 기리고 능침인 광릉을 보호하기 위해 중창하고 봉선사로 고쳐 부른 것이다. 봉선사라는 이름에는 선왕의 능을 받들어 모신다는 뜻이 담겨 있다.

봉선사는 명종 9년 불교 중흥 정책을 펼친 문정왕후가 강남의 봉은사를 선종의 우두머리 사찰로, 봉선사를 교종의 우두머리 사찰로 삼고 전국 사찰을 관장하게 되면서 대단위 사찰이 되었다.

이듬해 봉선사에서 승과고시인 교종시가 열리면서 승려 교육 진흥을 위한 교종의 중추기관이 되었고, 명종 17년에는 교종의 본산이 되는 영광을 누렸다. 그러나 문정왕후가 죽으면서 봉선사의 전성시대는 내리막길을 걸었고, 이후 임진왜란과 병자호란, 한국전쟁 등 여러 차례 전화를 입으면서 소실되었다.

오늘날 남아 있는 건축물은 1960년 무렵부터 재건한 것으로, 궁궐 건축과 사원 건축을 혼합한 가람 배치 형식이다. 정면 높직이 자리 잡은 대웅전에는 운허 스님이 불교의 대중화를 위해 붙여 놓은 국내 유일의 한글 현판 '큰 법당'이 있다.

큰 법당 안 사방 벽에는 한글과 한문으로 동판에 새긴 법화경을 붙여 놓았다.

2000년 6월 27일

제3차 일본 대중문화 개방 발표

2000년 6월 27일 박지원 문화관광부 장관은 일본 대중가요 공연 전

면 개방, 일반 극영화 극장 상영, 애니메이션 · 음반 · 게임 · 방송 등의
부분적 개방 등을 골자로 하는 '제3차 일본 대중문화 개방' 조치를 발
표하였다.

이 조치는 1998년 10월 20일 제1차, 1999년 9월 10일 제2차 조치에
이은 것으로, 영화 · 애니메이션 · 가요 · 게임 · 방송 등 일본 대중문화
전 부문에 걸쳐 개방이 이루어져서 그 폭이 '대대적'이었다.

좀 더 자세히 살펴보면, 대중가요 공연 분야는 '2,000석 이하 실내공
연'으로 제한했던 개방 제한 규정이 완전 철폐되었고, 음반은 일본어
가창을 제외하고 연주음반, 제3국어 가창음반, 한국어 번안음반 등이
개방되었다.

영화 또한 마찬가지로 폭력과 선정성이 강한 '18세 미만 관람불가'는
제외한다는 단서가 붙긴 했지만, 개방 범위를 일반 극영화 전체로 대폭
확대하였다. 애니메이션은 약 30편 가량 되는 국제영화제 수상작에 한
해 개방하였다.

2001년 7월에 일본 왜곡 교과서와 관련하여 일부 개방 일정이 중단
되기도 했으나, 2004년 1월 1일을 기해 전격적으로 제4차 일본 대중문
화 개방이 이루어졌다.

—

1950년 6월 27일

유엔 안보리, 한국 원조 결의

—

1950년 6월 25일 한국전쟁이 발발하였다. 이승만 대통령은 곧바로
장면 주미 한국대사에게 긴급 훈령을 내려 미국 국무부에 사태의 긴급

성을 알렸다.

이에 미국의 주도로 유엔안전보장이사회가 긴급 소집되어 북한군의 침략 행위 중지와 38선 이북으로의 철수라는 결의안을 채택하였다. 소련이 불참하였기에 가능한 일이었다.

그러나 북한의 침략 행위가 계속되자, 유엔은 6월 27일 제474차 안전보장이사회를 다시 열어 북한군의 군사적 공격을 격퇴시키고 국제평화와 안전을 회복시키기 위하여 대한민국에 필요한 원조를 제공할 것을 권고하는 결의안을 채택하였다.

이 결의안에 따라 미국을 비롯한 16개국이 한국을 지원하여 참전하였으며, 중공과 소련 및 동구권 국가가 북한을 지원함으로써 한국전쟁은 국제전의 성격을 띠게 되었다.

* 1950년 6월 25일 '한국전쟁이 발발하다' 참조

1995년 6월 27일

제1회 전국 동시 지방선거 실시

1995년 6월 27일 기초 의회 의원과 단체장, 그리고 광역의회 의원과 단체장을 동시에 뽑는 제1회 전국 동시 지방선거가 실시되었다. 이로써 우리나라는 진정한 의미의 지방자치 시대로 접어들었다.

이 선거를 통해 광역 자치 단체장 15명과 기초 단체장 236명, 의회의원 5,000여 명 등 모두 5,768명이 선출되었다.

6·27 선거는 여당인 민자당과 야당인 민주당, 자민련 3당 체제로

치러졌는데, 시 · 도지사의 경우 민자당 5명, 민주당 4명, 자민련 4명, 무소속 2명이 당선되었다.

특히 가장 관심을 끌었던 서울시장 선거에서는 민자당의 정원식 전 총리, 민주당의 조순 전 부총리, 무소속의 박찬종 전 의원이 접전을 벌인 끝에 민주당의 조순 후보가 승리하였다.

—

1984년 6월 27일

88올림픽고속도로 개통

—

1984년 6월 27일 대구와 광주를 잇는 88올림픽고속도로가 개통되었다.

건설부는 고속도로의 중간 지점인 지리산 휴게소에서 개통식을 거행함과 동시에 영 · 호남 출신 신랑, 신부 여덟 쌍의 결혼식을 치러 동서 화합의 의미를 되새겼다.

공사비 2,039억 원을 들여 착공한 지 33개월 만에 완공된 88올림픽고속도로는 전남 담양군과 경북 달성군을 연결하는 175.3km의 2차선 도로로, 우리나라 최초로 전 구간을 시멘트 콘크리트로 포장하였다.

이 도로의 개통으로 대구에서 광주까지의 거리는 기존 국도망을 통한 195km보다 20km가 단축되었고, 주행시간 또한 종전의 5시간대에서 2시간 30분대로 크게 줄어들었다.

특히 영 · 호남 지역의 인적, 물적 교류가 원활해지는 효과가 나타났다.

6월의
모든 역사

6월 28일

1800년 6월 28일

조선 22대왕 정조가 승하하다

정조는 사도세자의 아들이라 세손 때부터 늘 생명의 위협을 받고
살아왔다. 사도세자를 죽인 세력들이 정조의 왕위 즉위 시 보복을
우려해 미리 싹을 자르려 했기 때문이다. 왕위에 오른 후에도 정조
에 대해 수차례의 암살 시도가 있었으나 실패하였다.
1800년 정조는 49세의 나이로 종기 때문에 사망하는데, 당대부터
독살설이 제기되었다. 정황상 충분히 그럴 가능성은 존재하지만 확
실한 물증이 없는 상태라 단정하기는 어렵다.

정조 즉위년인 1776년 7월 28일, 미리 짜여진 각본대로 전홍문과 강용휘는 손에 무기를 들고 몰래 궁궐에 침입하였다. 이 각본의 연출자인 홍상범은 나머지 스무 명의 대원들을 데리고 그 뒤를 따랐다. 경비가 철통같은 궁궐을 자기 집 찾듯 손쉽게 접근한 데에는 안내자의 힘이 숨어 있었다. 궁궐 나인 월혜와 별감 강계창이 그들이었다.

전홍문과 강용휘가 땅을 박차는가 싶더니 어느새 존현각 지붕에 사뿐히 내려앉았다. 정조의 목숨은 바람 앞의 촛불처럼 보였으나 마침 호위 무사가 이들을 발견하는 바람에 위기를 모면하였다.

정조를 제거하려는 노력은 이 사건 이전과 이후에도 수차례나 더 있었다. 정조가 사도세자의 아들이라는 것이 그 출발점이었다. 사도세자를 죽이는 데 앞장선 노론은 그 아들 정조까지 없애려 하였다. 정조가 왕위에 오르면 아버지를 죽인 자기들의 목숨을 위협할 것이기 때문이었다.

그러나 정조의 생모인 혜경궁 홍씨는 이를 반대하였다. 남편은 버릴 수 있지만 자식만큼은 버릴 수 없었던 것이다. 또 홍국영 등 측근들의 도움도 컸다. 영조가 세손인 정조의 대리청정을 결정하면서 정조는 비로소 한숨을 돌릴 수 있었다.

이렇게 죽음의 공포 속에서 많은 세월을 보내온 정조가 1800년 6월 28일 49세의 나이로 갑자기 눈을 감았다. 공식기록인 『정조실록』에 의하면 사망 원인은 종기였다. 그런데 최근 정조의 죽음이 병으로 인한 자연스런 죽음이 아니라 음모에 의한 독살이었다는 주장이 확산되고 있다.

그러나 정조 독살설은 이미 조선시대부터 제기된 바 있다. 정조가 우호적인 감정을 드러냈던 남인들이 강하게 이런 주장을 펼쳤다. 정약용도 그중의 한 사람이었다.

 여러 가지 상황으로 보면 독살설을 지나친 억측으로 몰아붙이기도 힘들다. 정조는 6월 초부터 종기를 앓기 시작했는데, 14일에는 상태가 많이 호전되었다는 진단을 받았다. 그러나 종기가 머리에서 등으로 퍼져 나가자 내의원 도제조인 이시수는 24일 연훈방을 쓰기로 했다. 연훈방이란 수은을 태운 연기로 종기를 치료하는 것이다.

 그날 밤 많은 양의 피고름이 흘러나와 요를 흠뻑 적셨다. 이후 10여 차례에 걸쳐 연훈방 치료를 받았는데, 나중엔 경옥고도 곁들였다. 그러자 정조는 잠자는 듯 몽롱한 증세에 빠졌다.

 이 연훈방은 당시에도 논란을 일으켰지만 더욱 의혹을 부채질한 것은 연훈방을 건의한 심인이 심환지의 먼 친척이었다는 사실이다. 심환지는 바로 사도세자를 배척한 벽파의 지도자였다. 게다가 그가 처음에는 심인을 적극 비호하여 더욱 의심을 샀다.

 그런데 최근의 한 연구에 따르면 당시의 연훈방 치료 정도로는 수은 중독까지 불러오지는 않는다고 한다. 28일 아침, 정조가 탕약을 마신 후 혼수상태에 빠지자 왕대비 정순왕후가 성향정기산을 올리라고 지시하였다. 정조는 두세 숟갈을 받아 마셨으나 반은 넘기고 반은 토해냈다.

 이때 정순왕후가 앞으로 나섰다. "내가 직접 약을 받들어 올리고 싶으니 경들은 잠시 물러나시오." 하며 이시수 등을 밖으로 나가게 하였다. 그리고 잠시 후, 방 안에서 대비의 통곡소리가 흘러나왔다. 사람들이 놀라 방 안으로 뛰어 들어갔지만 정조는 뭐라고 중얼거리고는 곧바로 숨을 거두었다.

 보통 임금의 임종 시각과 장면은 자세히 기록하는데, 이날의 『정조실록』은 "유시에 주상이 창경궁 영춘헌에서 승하했다."며 아주 짤막하게

적고 있다. 이는 정순왕후가 홀로 임종을 지킨 것과 관련이 있어 보인
다. 정순왕후는 사도세자를 제거하는 데 앞장섰던 일이 말해 주듯 정조
와는 사실 정적 관계였다.

정조는 5월 30일에 남인을 중용하겠다는 발언에 이어, 6월 14일에는
"조정에서는 두려울 외畏자가 있는지 알지 못한다."고 발언했는데, 이는
노론에 대한 대大숙청을 예고하는 것이었다. 거기에다 화성 천도를 암
시하는 비상조치설도 역시 노론을 긴장시켰다.

이래저래 정순왕후와 노론에게는 독살이든 뭐든 정조를 제거할 동기
가 충분히 있었던 셈이었다. 그러나 정조가 계몽군주라고 보는 입장에
서는 과로로 인해 사망했다는 시각이 우세하다. 더위와 탈진, 영양실조
등이 겹쳐 죽음에 이르렀다는 것이다.

결국 심증은 가지만 확실한 물증이 새로 나오지 않는 한 독살은 계속
'설說'로만 주장될 수밖에 없을 듯싶다.

* 1776년 3월 10일 '정조가 즉위하다' 참조

1921년 6월 28일

사할린 의용대, 자유시 참변으로 272명 사망

러시아 자유시에서 사할린 의용대가 러시아 적군의 포위와 집중 공
격에 쓰러졌다. 1921년 6월 28일의 일이었다. 이 비극적 사건을 한국
독립운동사에서는 자유시 참변 또는 흑해 사변이라 한다. 이 전투로 사
할린 의용대 272명이 사망하였으며 사망자와 전사자를 제외한 864명

전원이 포로가 되었다.

독립군들이 러시아 · 만주 국경 지대로 집결한 것은 1920년 봉오동 전투 · 청산리 전투 이후였다. 독립군에게 참패를 당한 일본군이 만주 전역에 걸쳐 대대적인 독립군 토벌 작전을 전개하였기 때문이었다.

독립군들은 일단 러시아령 미산에서 북로군정서 · 대한독립군 · 대한국민회국민군 등 10여 개 독립군 부대를 통합하여 대한독립군단으로 편성하고 연해주의 이만에 집결하였다.

그해 12월 대한독립군단 병력 3,500명은 헤이룽강黑龍江을 건너 러시아령領 자유시 스랍스케 일대에 주둔하였다. 자유시에는 간도 지역 독립군 부대는 물론 노령 지역에서 활동하던 의병대들도 집결하였다.

그런데 자유시에 집결한 독립군대 중 자유대대와 이항군대 사이에 독립군 통수권을 둘러싸고 갈등이 일어났다.

당시 고려공산당은 대한국민의회를 장악한 이르쿠츠크파와 상하이 임시정부가 장악한 상하이파로 나뉘어 있었다. 자유대대는 이르쿠츠크파를, 이항군대는 상하이파를 지지하였기에 두 부대 사이에 갈등은 불가피하였다.

특히 이항군대를 이끌었던 박일리아는 독립군 통수권 장악을 위해 러시아 극동공화국 원동부 내의 한인부를 찾아갔다. 거기에서 그는 이항군대는 자유대대로 편입되는 것을 거부한다고 통고하였다. 그리고 상하이파의 지원을 등에 업고 자유시의 군권을 장악하였다.

이에 러시아 제2군단 흑하지방 수비대장이자 자유대대 대장인 오하묵 등도 이르쿠츠크에 있던 코민테른 동양비서부에 독립군의 통수권을 자기들이 가질 수 있도록 해줄 것을 부탁하였다.

이를 받아들인 코민테른 동양비서부는 임시고려군정회를 조직하고 총사령관에 갈란다라시월린, 부사령관은 오하묵을 임명하였다.

자유시에 도착한 갈란다라시월린은 자신이 고려군정의회의 총사령관임을 선포하고, 박일리아에게 군대를 인솔하고 자유시에 출두하라고 명령하였다. 하지만 박일리아는 그 명령을 거부하였다.

이에 갈란다라시월린은 투항을 거부하는 사할린 의용대(이항군대가 개칭)를 기습 공격하여 무장 해제시켜 버린 것이다.

이 사건을 계기로 자유시에 집결했었던 독립군 세력은 사실상 모두 괴멸되었다.

—

1950년 6월 28일

공산주의 운동가 이주하 처형

—

이주하는 1905년 함경남도 북청에 있는 화전민 마을에서 태어났다. 1908년경 그의 아버지가 의병 활동을 하였다고 의심받아 가족은 원산으로 이사하였다.

그는 1913년 원산 광성학교에 입학하였다가 3년 뒤 보광학교로 전학하였다. 하지만 3학년 때인 1919년, 3 · 1 운동에 참여한 것이 발각되어 갑산으로 피신하였다.

그 후 이주하는 일본으로 건너가 니혼대학 정치학과를 다니면서 지방공산청년동맹에서 활동하다가 귀국하였다. 그는 1928년 원산총파업 사건 이후 노동운동에 참여하였으며, 이듬해에는 협동소비조합운동에 대한 비판 강연회에 연사로 참석하였다.

1931년 정재헌 등과 함께 평양노동연맹 좌익화위원회를 조직하여 조선공산당 원산시 당 책임자, 태평양노동조합 함경남도 책임위원을 지내던 중 1932년 일본 경찰에게 체포되어 5년간 복역하였다.

출옥 후 1937년 원산철도국 사건에 연루되어 진남포로 피신하여 숨어 지내다가, 1945년 8 · 15 광복 이후 다시 활동을 시작하며 조선공산당 함경남도 지구 인민위원회를 결성하였다.

이후 그는 월남하여 박헌영 · 이강국 등의 재건파조선공산당 정치국에서 활동하였다.

1946년 12월 남조선노동당 중앙위원에 뽑혔으며, 박헌영이 월북한 뒤 총책을 맡은 김삼룡을 보좌하여 활동하던 중 1950년 3월 경찰에 체포되어 서대문형무소에 수감되었다.

그리고 한국전쟁이 일어난 지 3일 만인 6월 28일 즉결처형되었다.

1977년 6월 28일

울릉도에서 처음으로 교통사고 발생

1977년 6월 28일, 울릉도에서 처음으로 교통사고가 발생하여 1명이 숨지고 1명이 중상을 입었다.

항구 방파제 공사장으로 토석을 싣고 가던 트럭이 운전 부주의로 언덕 아래로 굴러 떨어졌던 것이다. 울릉도에 자동차가 상륙한 지 6개월 만에 벌어진 일이었다.

울릉도에 자동차가 운행되기 시작한 것은 1976년 일주도로가 만들어지면서부터였다. 그 이전에는 경운기를 개조한 '딸딸이'가 울릉도의 유일한 교통수단이었다.

　이후 많은 울릉도 주민들이 운전면허를 취득하여 자동차를 타기 시작하였다. 하지만 이에 발맞추어 험한 지형과 늘어나는 자동차로 인해 교통사고도 지속적으로 늘어나고 있다.

6월의
모든 역사

6월 29일

■
·
■

1987년 6월 29일

노태우 민정당 대표, 6 · 29 민주화 선언을 하다

1. 대통령 직선제 개헌을 통한 1988년 2월 평화적 정권 이양

2. 대통령 선거법 개정을 통한 공정한 경쟁 보장

3. 김대중의 사면 복권과 시국 관련 사범들의 석방

4. 인간 존엄성 존중 및 기본 인권 신장

5. 자유 언론의 창달

6. 지방자치 및 교육자치 실시

7. 정당의 건전한 활동 보장

8. 과감한 사회정화 조치의 단행

-노태우, 6 · 29 민주화 선언

1985년 2 · 12 총선 이후 야당과 재야 세력은 간선제로 선출된 대통령 전두환의 도덕성과 정통성 결여, 비민주성을 비판하면서 줄기차게 직선제 개헌을 주장하였다.

이에 1986년 4월 전두환 대통령은 개헌 논의 금지 및 제5공화국 헌법 하에서 차기 대통령을 뽑도록 한다는 '4 · 13 호헌 조치'를 발표하였다. 이러한 상황에서 서울대학교 언어학과 3학년생인 박종철이 경찰의 고문으로 사망한 사실이 알려지면서 국민들은 정권에 항거하기 시작하였다.

6월 10일 전국 18개 도시에서 민주헌법쟁취국민운동본부가 주최하는 대규모 가두집회가 열렸다. 이후 학생과 시민들의 민주화와 직선제 개헌을 요구하는 집회와 시위 또한 연일 계속되었고, 전국적으로 확산되었다. 26일에는 전국 37개 도시에서 사상 최대 인원인 100여 만 명이 밤늦게까지 격렬한 시위를 벌였다.

경찰력이 마비되자 정부는 한때 군 투입을 검토하였으나 온건론이 우세하여 국민들의 직선제 개헌 요구를 받아들일 수밖에 없었다.

마침내 6월 29일 노태우 민주정의당 대표는 시국 수습을 위한 특별 선언을 발표하였다. 이른바 '6 · 29 민주화 선언'이었다. 그 선언은 대통령 직선제 개헌과 대통령 선거법 개정, 김대중 사면 복권, 시국 사범 석방, 언론 자율성 보장 등 8개항에 이르는 시국 수습 대책을 담고 있었다.

노태우 대표는 전두환 대통령에게 6 · 29 선언문을 정식으로 건의하였고, 전 대통령은 7월 1일 오전 10시 특별담화를 통해 6 · 29 민주화 선언을 수용한다고 발표하였다.

이어 7월 9일 김대중을 비롯한 2,300여 명의 정치범들이 대거 사면 복권되었다. 또한 6 · 29 선언으로 「헌법」 개정이 불가피하게 되어 제9 차 개정헌법이 발의되었다. 10월 27일 총 유권자의 78.2%에 해당하는 2,003만 8,672명이 국민 투표에 참여하고 이 중 93.1%가 찬성하여 직 선제 개헌이 이루어졌다.

그리고 12월 16일 마침내 대통령 직접선거가 실시되었다. 박정희 정 부의 유신 체제 이후 15년 만이었다.

이날 선거에서 민정당 후보 노태우가 36.6%의 지지를 얻어 당선되 었다.

* 1987년 4월 13일 '전두환 대통령, 4 · 13 호헌 조치 발표' 참조
* 1987년 6월 10일 '6 · 10 민주화 항쟁이 일어나다' 참조

—

1593년 6월 29일

진주성 함락

—

1593년 6월 29일 왜군이 진주성을 다시 공격하여 함락시켰다. 진주 성의 관군과 의병들은 3,400명의 병력으로 3만 7,000여 명의 대大병력 을 맞아 끝까지 분전하였으나 그만 함락되는 비극을 겪었다.

일찍이 1592년 10월 왜군은 진주성을 공격했다가 진주목사 김시민 이 지휘하는 조선군에게 크게 패하고 물러난 바 있었다.

호남 곡창지대를 차지하기 위해서 먼저 진주성을 수중에 넣어야만 했던 왜군은 이듬해 6월 19일 다시 진주성을 공격하였다.

당시 진주성에는 경상우병사 최경회, 창의사 김천일, 충청병사 황진,

사천현감 장윤, 의병장 고종후 · 이계련 · 민여운 · 강희열, 김해부사 이
종인 등이 이끄는 관군과 의병 3,400여 명이 성을 지키고 있었다.

이들은 지원군도 없이 일반 백성들까지 힘을 합하여 분전하였으나
수적으로 크나큰 열세를 감당하지 못하였다.

결국 열흘 동안 밤낮을 가리지 않고 치열한 공방전을 벌였으나 6월
29일 성은 끝내 함락되고 말았다.

6월 30일 왜군은 성 안에 남아있던 군관민 6만여 명을 모두 학살하
는 만행을 저질렀다. 왜군은 촉석루에서 성을 함락시킨 자축연을 벌였
고 관기들을 불러 흥을 돋구었다.

이 자리에 참여했던 관기 논개는 술에 취해 승리를 자축하는 왜군들
의 행태에 분노하였다. 원통한 마음을 가눌 수 없었던 그녀는 술에 취
한 왜장 게야무라 로구스케를 꾀어 껴안은 채 남강에 몸을 던졌다.

원수를 갚아 진주성에서 스러져간 백성들의 원혼들을 달래고 싶었던
것이다.

* 1593년 6월 30일 '의기 논개, 왜장 게야무라와 함께 강물에 뛰어들다' 참조

—

2002년 6월 29일

제2차 서해교전 발생

—

2002년 6월 29일 오전 10시 25분 경, 서해 연평도 부근 북방한계선
NLL 남쪽 3마일 해상에서 남북 해군 함정 간에 함포 사격을 주고받는 교
전 사태가 발생하였다.

이 전투로 남한은 해군 6명이 전사하고 19명이 부상했으며, 참수리
급 고속정 357호가 침몰하였다. 북한 또한 약 30여 명의 사상자를 내고
SO-1급 초계정 등산곶 684호가 반파된 채로 퇴각하였다.

1999년 6월에 제1차 서해교전이 발발한 지 3년 만의 일이었다. 북한
은 김대중 정부 출범 이후 모두 11차례에 걸쳐 군사적 도발을 했으며,
NLL 침범은 2002년 들어 14차례, 6월에만 6번째에 해당하는 것이었다.

이 사건으로 2000년 남북 정상회담 이후 화해·협력 분위기를 보였
던 남북 관계가 급속히 냉각되었고, 남한 해군은 경고방송 없이 사격을
할 수 있도록 교전 수칙을 개정하였다.

한편 2008년 4월 국방부는 서해교전을 제2연평해전으로 바꾸고, 정
부기념행사로 승격시켰다. 주관 부서도 해군 2함대 사령부에서 국가보
훈처로 옮겼다.

* 1999년 6월 15일 '제1차 서해교전 발생' 참조

1995년 6월 29일

삼풍백화점이 무너지다

1995년 6월 29일 오후 6시경, 서울 서초동에 있던 삼풍백화점 건물
이 무너져 내리는 참사가 발생하였다.

백화점 2개동 중 북측 건물의 5층 슬래브가 붕괴되면서 삽시간에 지
하층까지 폭삭 가라앉아 폭격을 맞은 듯 변해 버렸다.

이 사고로 사망 501명, 실종 6명, 부상 937명의 사상자가 발생하였

다. 이는 해방 이후 최대 규모의 인명피해 규모였다. 재산 손해도 막대
하였다.

지상 5층, 지하 4층, 그리고 옥상의 부대시설로 이루어진 삼풍백화
점은 1989년 말에 완공되었으나 무리한 건축 설계 변경 등으로 건물에
문제가 생겨 여러 번 영업을 정지하였다.

내부공사 후 1994년 1월 5일부터 영업을 시작했지만 건물 붕괴는 예
견됐었다. 붕괴 전부터 건물 전반에서 위험 신호가 발견되었기 때문이
었다.

4월경에는 5층 북관 식당가 천장에 균열이 생기기 시작하였다. 5월
경부터는 이 균열에서 모래가 떨어졌고, 5층 바닥은 서서히 내려앉기
시작하였다. 붕괴 1일 전인 6월 28일 오전에는 정전 사태가 일어나기
도 하였다.

따라서 이 사고는 설계 · 시공 · 유지관리 등의 잘못과 건설업계의 비
리 등 총체적인 부실의 결과로 빚어진 인재人災였다.

이 사고를 계기로 긴급 구조 구난 체계의 문제점이 노출되어 119중
앙구조대가 서울, 부산, 광주에 설치되었다.

이후 삼풍백화점 자리에는 주상복합 아파트가 2001년 착공되어
2004년 완공되었다.

6월의
모든 역사

6월 30일

■
·
■

1593년 6월 30일

의기 논개,
왜장 게야무라와 함께 강물에 뛰어들다

논개에 대해서는 그동안 여러 가지로 논란이 많았다. 혹자는 논개의 출생 연월일시가 갑술년甲戌年, 갑술월, 갑술일, 갑술시라 '개戌를 낳았다' 해서 '놓은 개'가 되고 다시 이것이 논개가 되었다고 한다. 한편 주朱 씨가 아니라 송宋 씨인데 인쇄의 잘못으로 주씨가 되었다고도 하고 원래 노 씨로서 노운개가 본명인데 논개로 불렸다고도 한다.

1593년 6월 29일, 3만 7,000여 명에 가까운 왜군이 진주성에 밀어 닥쳤다. 지난해 이곳에서 당한 치욕적인 참패를 앙갚음하고 호남을 점령하기 위해서였다.

그러나 조명연합군은 이를 팔짱만 낀 채 수수방관하고 있었다. 진주성을 지키기 위해 김천일과 최경회 등이 군사를 이끌고 속속 성에 들어왔으나 고작 수천에 지나지 않았다. 수적으로 적에게 너무 열세인데다 외부의 응원마저 끊겨 2차 진주성 싸움은 희망이 절벽이었다. 마치 사마귀가 수레를 막아선 꼴이었다. 그래도 사기만은 높았다.

왜군은 22일 오전부터 맹렬한 공격을 개시하였다. 일주일에 걸쳐 피의 공방전을 벌였지만, 구원군이 개미 새끼 한 마리도 없는 상황에서 아군은 더 어찌해 볼 도리가 없었다. 29일 진주성 최후의 날이 밝았다.

밤새 내린 비로 성벽들이 약해지자 왜군들이 쉽게 이를 무너뜨리고 벌떼처럼 성안으로 몰려들었다. 아군들은 촉석루 쪽으로 밀리면서 결사적으로 저항했지만 이미 승부는 끝났다는 걸 모두 알고 있었다. 최경회와 김천일 등은 강으로 뛰어내려 목숨을 끊었다. 그렇게 2차 진주성 싸움은 끝이 났다.

6월 30일, 왜군들은 승리에 도취되어 촉석루에서 축하의 잔치를 벌였다. 남편 최영회의 죽음을 들은 논개는 기생으로 위장하여 이 잔치에 참석하였다. 그녀는 기회를 보아 촉석루 밑 바위에 내려섰다. 그 밑은 깊은 강물이었다. 바위에 서 있는 그녀의 모습을 보고 모두가 침을 삼켰으나 감히 다가서질 못하였다.

다만 왜장 게야무라 로구스케만이 술에 취해 건들거리며 논개가 있는 바위로 내려왔다. 그녀의 열 손가락에는 모두 반지가 끼어 있었다. 논개는 그의 몸을 힘껏 안고 강물 속으로 뛰어들었다.

그런데 이런 의로운 거사를 행하고도 논개는 사후 150년이 지나도록 국가로부터 냉소와 푸대접을 받았다. 관기는 모두 음탕한 창녀라 정절을 인정할 수 없다는 것이었다. 광해군 때에 전란 중의 충신과 열녀를 조사해 기록하게 하였지만 논개의 이름은 빠질 수밖에 없었다.

따라서 논개의 참모습을 찾아주기 위해선 그녀에게 주홍글씨 같은 기생 딱지를 제거하는 것이 시급했다. 일종의 역사 바로잡기였다. 그 작업을 통해 많은 논개의 진실이 밝혀지고 오해도 벗겨졌다.

논개는 전라도 장수의 주촌에서 주달문의 딸로 태어났다. 어려서 아버지를 여의는 바람에 집안은 몹시 궁핍하였다. 건달로 지내던 숙부가 그녀를 돌보게 되었는데, 그는 같은 마을의 김풍헌에게 논개를 민며느리로 팔겠다고 약속하였다. 하필 김풍헌의 아들은 정박아였다.

이 비밀을 알게 된 논개 모녀는 안의현으로 야밤에 도망쳤다. 화가 난 김풍헌은 장수현감에게 모녀를 고소했고, 곧 이들은 체포되었다. 이때 마침 장수현감으로 있던 최경회는 논개의 어머니에게 2년간 장수현의 물을 긷게 하라고 판결하였다.

논개가 청원 끝에 어머니 대신 급수노비가 되어 일을 하는 동안 최경회의 부인과 매우 가까워졌다. 논개가 2년의 물 긷는 의무를 끝내갈 무렵 부인이 병으로 죽었다. 그녀는 논개를 후실로 맞이할 것을 남편에게 유언으로 남겼다. 최경회는 부인의 유언대로 논개를 후실로 맞이한 후 그녀를 고향인 주촌으로 보냈다. 최경회가 모친상을 당해 고향인 화순으로 내려가야 했기 때문이다.

그러나 임진왜란이 일어나자 최경회는 장수현으로 돌아와 의병을 모집하고 훈련시켰다. 이때 논개는 혼신을 기울여 최경회를 도왔다. 최경회가 진주성 싸움에 출전하게 되자, 그녀는 만류를 뿌리치고 전장터까지 따라갔고 바로 저와 같은 일이 벌어졌던 것이다.

수주 변영로는 「논개」라는 시를 지어 그녀의 의로운 행위를 다음과 같이 기렸다.

거룩한 분노는 종교보다도 깊고 불붙는 정열은 사랑보다도 강하다.

아! 강낭콩꽃보다도 더 푸른 그 물결 위에 양귀비꽃보다도 더 붉은 그 마음 흘러라.

아리땁던 그 아미 높게 흔들리우며 그 석류 속 같은 입술 죽음을 입 맞추었네!

아! 강낭콩꽃보다도 더 푸른 그 물결 위에 양귀비꽃보다도 더 붉은 그 마음 흘러라.

흐르는 강물은 길이길이 푸르르니 그대의 꽃다운 혼 어이 아니 붉으랴.

아! 강낭콩꽃보다도 더 푸른 그 물결 위에 양귀비꽃보다도 더 붉은 그 마음 흘러라.

* 1593년 6월 29일 '진주성 함락' 참조

2007년 6월 30일

한미 자유무역협정 합의문 공식 서명

한국과 미국 양국이 2007년 6월 30일 한미 자유무역협정FTA 합의문에 공식 서명하였다.

한국의 김현종 통상교섭본부장과 미국의 수전 슈워브 무역대표부 대표가 미 의회 캐넌빌딩에서 한미 FTA 합의문에 서명함에 따라 2006년 2월부터 17개월간 진행되어 온 양국 정부 간 협상이 마무리가 되었다.

양국은 원래 2007년 4월 2일 FTA 협상을 타결하였다. 하지만 미 행정부와 의회가 노동, 환경 등의 요건을 강화하는 신新통상정책을 채택한 뒤 미국 측이 한미 FTA에 이를 반영할 것을 요구하면서 양국은 6월 22일부터 27일까지 두 차례 추가협상을 벌였다.

한미 FTA 협상 타결로, 우리나라는 중국, 일본, 아세안을 합친 것보다 더 큰 미국 시장에서 점유율을 한층 높일 수 있게 되고, 소비자들은 훨씬 저렴한 가격으로 미국산 상품을 구입할 수 있게 되는 등 개방화 시대의 새 장을 열게 될 것이라는 기대를 낳았다. 또 국가신인도도 올라가고 안보 위험이 줄어들면서 국내 기업들의 자본 조달 비용도 감소할 것으로 예상하였다.

반면에 시장 개방으로 인해 쇠고기를 비롯해 일부 농업 분야의 부분적 타격이 불가피하고, 방송 · 통신을 제외하면 의료 · 교육 등 서비스 시장은 논의가 제대로 이뤄지지 않았으며 비관세 장벽 · 원산지 규정 등도 성과가 미흡하다는 지적을 받았다.

이후 양국은 FTA 발효를 위해 양국 의회에서 비준 동의를 받기 위한 절차에 본격 착수하였다.

미국은 2011년 10월 12일 상하원에서 한미 FTA 이행법안이 가결되었고, 우리나라 국회에서는 11월 22일 한나라당 단독으로 FTA 비준안이 본회의를 통과됨으로써 양국의 비준 동의가 마무리되었다.

1949년 6월 30일

조선 노동당 탄생

1945년 8월 20일 국내 토착 공산주의자들은 박헌영을 중심으로 조선 공산당을 재건하였다. 그리고 조선 공산당은 11월 23일 조선 인민당 및 남조선 신민당과 통합하여 남조선 노동당을 결성하였다.

한편 박헌영과 김일성은 "서울의 중앙당에 속하는 북조선분국을 설치한다"는 절충안에 합의하였고, 그에 따라 1945년 10월 10일 평양에서 개최된 '조선 공산당 서북 5도 당 책임자 및 열성자 대회'에서 조선 공산당 북조선분국이 결성되었다.

이 조직은 1946년 8월 조선 신민당과 합당하여 북조선 노동당이 되었다. 남북한에 단독정부가 수립된 후인 1949년 6월 30일, 북조선 노동당은 기세가 완전히 꺾인 남조선 노동당을 통합하고 조선 노동당으로 개칭하였다.

이리하여 남조선 노동당은 완전히 김일성의 지배하에 들어갔다. 북한으로 넘어간 남조선 노동당 계열은 1955년 말까지 숙청되거나 처형되었다.

* 1925년 4월 17일 '조선 공산당 창당' 참조

1898년 6월 30일

황국협회 결성

1895년 미국에서 공부하던 서재필이 돌아와 독립협회를 만들어 개혁적인 민중 운동을 펼쳐 나갔다.

이에 대한제국 정부는 1898년 6월 30일 "나라를 문명부강하게 하는 도리는 황실을 존숭하고 충군하는 대의를 밝힌다."는 명목으로 독립협회에 대항하기 위한 어용단체인 황국협회를 결성하였다.

궁중수구파인 고종우·이기동·고영근 등이 중심이 된 황국협회는 정부의 지원을 받으며 훈련원에서 7월 7일 발회식을 개최하였다. 황국협회는 민선 의회 설치 운동과 상업 단체 복설 운동 등을 주로 벌였다.

하지만 황국협회는 관청과 관련을 맺으면서 단결이 잘 되는 부보상을 동원하여 독립협회가 주최하는 민중집회를 물리적으로 훼방하였다.

독립협회와 황국협회가 서로 충돌하자, 이를 구실로 정부는 1898년 12월 25일 군대를 동원해 독립협회를 강제해산시켰으며 이어 황국협회도 해산시켰다.

1980년 6월 30일

성산대교 개통

1980년 6월 30일 서울 마포구 망원동과 강 건너 영등포구 양평동을 잇는 성산대교가 개통되었다.

이 다리는 한강에 설치된 12번째 다리로서, 길이 1,410m, 폭 21.6m의 6차선으로 양쪽에 2.7m 보도를 갖추었다.

성산대교는 1977년 4월에 착공, 257억 9,000만 원을 들여 3년 3개월 만에 완공하였다. 1979년 개통한 성수대교에 이어 두 번째로 철재 트러스 공법으로 연결, 조립한 것이어서 교각 사이가 120m씩으로 다른 한강 다리보다 2배나 길다.

이 때문에 다리 모습이 날렵해 보이고 교각과 교각 사이에 반달형 아치를 세워 곡선미가 가미되어 있다. 그래서 개통 당시에도 가장 아름다운 다리로 서울 시민들에게 각광을 받았다.

또한 다리 양쪽 입구에는 각각 입체 교차로가 설치돼 차량이 각 방향으로 논스톱으로 달리게 되어 있다. 그래서 김포공항을 오가는 차량들의 경우, 시내 중심까지의 주행시간이 종전 40분대에서 20분대로 절반이나 단축되었다.

1983년 6월 30일

KBS, '이산가족 찾기' 생방송 시작

남북 분단과 한국전쟁으로 헤어진 이산가족들의 가슴을 뜨겁게 달구었던 KBS 텔레비전의 「특별생방송-이산가족을 찾습니다」가 1983년 6월 30일부터 시작되었다.

이 방송은 처음 단발성 특집으로 시작되었으나 연장에 연장을 거듭하여 11월 14일까지 장장 138일간 릴레이 생방송으로 이어졌다.

이 프로그램은 총 10만 952건의 접수를 받아 1만 180여 가족이 상봉의 기쁨을 누렸다.

이산가족들의 애타는 절규로 분단의 아픔을 새삼 부각시켰던 이 방송은 외국 미디어의 취재 열기도 뜨거워 해외에도 알려졌다.

6월의 모든 역사_한국사

초판 1쇄 인쇄 2012년 6월 1일
초판 1쇄 발행 2012년 6월 5일

지은이 이종하

펴낸이 김연홍
펴낸곳 디오네

출판등록 2004년 3월 18일 제313-2004-00071호
주소 121-865 서울시 마포구 연남동 224-57
전화 02-334-7147 **팩스** 02-334-2068
주문처 아라크네 02-334-3887

ISBN 978-89-92449-91-5 03900